北大版 新HSK 应试辅导丛书

汉语水平考试
HSK（二级）

全真模拟题集
（第2版）

刘 云 主编

依据2013年
最新词汇大纲
修订

北京大学出版社
PEKING UNIVERSITY PRESS

图书在版编目(CIP)数据

新汉语水平考试 HSK(二级)全真模拟题集/刘云主编.—2 版.—北京:北京大学出版社,2013.8

(北大版新 HSK 应试辅导丛书)

ISBN 978-7-301-21712-2

Ⅰ.新… Ⅱ.刘… Ⅲ.汉语—对外汉语教学—水平考试—习题集
Ⅳ.H195—44

中国版本图书馆 CIP 数据核字(2012)第 294624 号

书　　　名:**新汉语水平考试 HSK(二级)全真模拟题集(第 2 版)**

著作责任者:刘　云　主编

　　　　　　石佩芝　张振亚　王　彬　裴雨来　姜　安
　　　　　　邱金萍　周　舫　马　千　万　辉　张　伟　编著

责 任 编 辑:欧慧英

标 准 书 号:ISBN 978-7-301-21712-2/H・3191

出 版 发 行:北京大学出版社

地　　　址:北京市海淀区成府路 205 号　100871

网　　　址:http://www.pup.cn　　新浪官方微博:@北京大学出版社

电 子 信 箱:zpup@pup.cn

电　　　话:邮购部 62752015　发行部 62750672　编辑部 62752028
　　　　　　出版部 62754962

印 刷 者:三河市北燕印装有限公司

经 销 者:新华书店
　　　　　　787 毫米×1092 毫米　16 开本　8.75 印张　190 千字
　　　　　　2010 年 9 月第 1 版
　　　　　　2013 年 8 月第 2 版　2013 年 8 月第 1 次印刷

定　　　价:42.00 元(含 MP3 盘 1 张)

未经许可,不得以任何方式复制或抄袭本书之部分或全部内容。

版权所有,侵权必究

举报电话:010—62752024　　电子信箱:fd@pup.pku.edu.cn

修订说明

国家汉办组织研发的新汉语水平考试（HSK）是一项国际汉语能力标准化考试。2009年11月，新汉语水平考试（HSK）正式实施，全球推广以来，受到各国汉语学习者的普遍欢迎。

与原HSK比较，新HSK在设计理念与测试目的等方面都有很大不同。新HSK以"考教结合"为原则，目的是"以考促教""以考促学"，注重以鼓励策略促进考生汉语能力的发展。在等级设置与题目设计上，新HSK也与原HSK有明显差异。新HSK设置了笔试6个等级和口试3个等级，扩大了考试的覆盖面；在题目设计上更强调测试考生的实际语言运用能力，而非语言知识的掌握程度。

自新HSK推出以来，我们始终密切关注考试设计与推广的发展动态，对新HSK的测试理论和实践进行了深入的研究。在此基础上，我们编写了一系列新HSK复习备考用书，以期为辅导教师和广大考生提供有益的帮助。

根据新HSK最新词汇大纲的调整和变化，应广大读者要求和为进一步满足新HSK考生备考的需求，我们继2010年出版市面上第一套《新汉语水平考试HSK全真模拟题集》后，于2013年推出《新汉语水平考试HSK全真模拟题集》（第2版）。这套全真模拟题集共6册，每册包含相应等级的5套全真模拟试卷。这次修订主要包括：

一、增加了每一级别的考试说明；

二、调换了部分图片；

三、根据2013版最新词汇大纲，修改了部分试题；

四、四至六级增加了题解，题解注重实效，强调语言知识、应试技巧与答题思路的结合。

我们相信，《新汉语水平考试HSK全真模拟题集》（第2版）不仅有助于考生有效测试现有水平，更有助于提高考生汉语的运用能力，以及掌握复习备考的方法及应试策略。

编　者

目　录

新 HSK(二级)考试说明 ·· 1

　　一　考试内容 ··· 1

　　二　报考指南 ··· 2

　　三　成绩报告 ··· 4

新汉语水平考试 HSK(二级)全真模拟题 1 ······················· 5

新汉语水平考试 HSK(二级)全真模拟题 2 ······················· 19

新汉语水平考试 HSK(二级)全真模拟题 3 ······················· 33

新汉语水平考试 HSK(二级)全真模拟题 4 ······················· 47

新汉语水平考试 HSK(二级)全真模拟题 5 ······················· 61

新汉语水平考试 HSK(二级)全真模拟题 1 听力材料 ············· 75

新汉语水平考试 HSK(二级)全真模拟题 2 听力材料 ············· 84

新汉语水平考试 HSK(二级)全真模拟题 3 听力材料 ············· 93

新汉语水平考试 HSK(二级)全真模拟题 4 听力材料 ············· 102

新汉语水平考试 HSK(二级)全真模拟题 5 听力材料 ············· 111

新汉语水平考试 HSK(二级)全真模拟题 1 答案 ………………………………… 120

新汉语水平考试 HSK(二级)全真模拟题 2 答案 ………………………………… 121

新汉语水平考试 HSK(二级)全真模拟题 3 答案 ………………………………… 122

新汉语水平考试 HSK(二级)全真模拟题 4 答案 ………………………………… 123

新汉语水平考试 HSK(二级)全真模拟题 5 答案 ………………………………… 124

新 HSK(二级)考试说明

一 考试内容

HSK(二级)共 60 题,分听力、阅读两部分。

考试内容		试题数量(个)		考试时间(分钟)
一、听力	第一部分	10	35	约 25
	第二部分	10		
	第三部分	10		
	第四部分	5		
填写答题卡(将听力部分的答案填涂到答题卡上)				3
二、阅读	第一部分	5	25	22
	第二部分	5		
	第三部分	5		
	第四部分	10		
共计	/	60		约 50

全部考试约 55 分钟(含考生填写个人信息时间 5 分钟)。

1. 听力

第一部分,共 10 题。每题听两次。每题都是一个对话,试卷上提供一张图片,考生根据听到的句子判断对错。

第二部分,共 10 题。每题听两次。每题都是一个对话,试卷上提供几张图片,考生根据听到的内容选出对应的图片。

第三部分,共 10 题。每题听两次。每题都是两个人的两句对话,第三个人根据对话问一个问题,试卷上提供 3 个选项,考生根据听到的内容选出答案。

第四部分,共 5 题。每题听两次。每题都是两个人的对话,4 到 5 句不等,第三个人根据对话问一个问题,试卷上提供 3 个选项,考生根据听到的内容选出答案。

— 1 —

2. 阅读

第一部分,共 5 题。试卷上有几张图片,每题提供一个句子,考生根据句子内容,选出对应的图片。

第二部分,共 5 题。每题提供一到两个句子,句子中有一个空格,考生要从提供的选项中选词填空。

第三部分,共 5 题。每题提供两个句子,考生需要判断第二句内容与第一句是否一致。

第四部分,共 10 题。提供 20 个句子,考生要找出他们之间的对应关系。

试卷上的试题都加拼音。

二 报考指南

■考试报名

1. 网上报名

第一步	登陆汉语考试服务网	网址:www. chinesetest. cn
第二步	注册用户	填写 e-mail 地址、国籍、母语种类和出生日期。
第三步	考试报名	选择考试时间和最近的考点,上传照片并确认注册信息。
第四步	支付考试费	必须在考试前 27 天完成交费。二级费用为 250 元。
第五步	获得报名确认	交费成功的考生会在考前 10 天得到 e-mail 确认。
第六步	领取准考证	登陆 www. chinesetest. cn 打印准考证或去考点领取。

2. 考点报名:考生也可以携带照片和身份证件直接去附近考点交费报名。

■考试须知

核对准考证信息	准考证上的姓名信息与护照或其他证件上的信息必须一致。
准备好考试用品	a 准考证;b 报名所用的证件(原件);c 2B 铅笔;d 橡皮。
要按时到达考场	考试前半小时开始进场,听力考试时迟到的考生不能进场。
保存好注册信息	以便查询成绩或进行下一次考试的报名。

■关于准考证

考生报名成功并收到报名确认信息以后,可以登录到汉语考试服务网(www. chinesetest. cn)上选择自行打印准考证,也可以到报名的考点领取准考证。

准考证内容包括考生姓名、国籍、性别、证件类型和号码、考试科目、考试时间、考点名称、考试地点、考场须知等。

新汉语水平考试（HSK）准考证
HSK Admission Ticket

准考证号：**H51202899140050041**

姓　名	Lee Junho
中文姓名	李俊浩

考点代码	8	[0][1][2][3][4][5][6][7]■[9]
	9	[0][1][2][3][4][5][6][7][8]■
	9	[0][1][2][3][4][5][6][7][8]■
	1	[0]■[2][3][4][5][6][7][8][9]
	4	[0][1][2][3]■[5][6][7][8][9]
	0	■[1][2][3][4][5][6][7][8][9]
	0	■[1][2][3][4][5][6][7][8][9]

序号	5	[0][1][2][3][4]■[6][7][8][9]
	0	■[1][2][3][4][5][6][7][8][9]
	0	■[1][2][3][4][5][6][7][8][9]
	4	[0][1][2][3]■[5][6][7][8][9]
	1	[0]■[2][3][4][5][6][7][8][9]

国籍	韩国
	5 [0][1][2][3][4]■[6][7][8][9]
	2 [0][1]■[3][4][5][6][7][8][9]
	3 [0][1][2]■[4][5][6][7]■[9]

性别	男　■　女　[2]

证件类型	护照	证件号码	M8888888

考试科目	**HSK五级**	座位号	
考试日期	2012-08-08		
考试时间	**13:30**		

考点名称	中文大学
考试地点	中文大学电教楼
考场位置	电教楼　288室

40mmX30mm

考生须知	1.考生在收到准考证后须核对本人信息，如信息有误，请立即联系考点修改。
	2.考生必须凭准考证和带有照片的身份证件进入考场(以报名时提供的有效身份证件为准)。
	3.纸笔考试，请考生自带2B铅笔和橡皮。
	4.考试前**30**分钟开始入场。听力考试开始前，迟到的考生可进入考场参加考试；听力考试开始后，迟到的考生须等听力考试结束后才可进入考场参加阅读考试，所误时间不补；阅读考试开始后，迟到的考生不得进入考场参加考试。
	5.请保管好准考证，领取**HSK**成绩报告时，必须出示准考证。
	6.查询**HSK**成绩时,请登录汉语考试服务网(www.chinesetest.cn)，输入准考证号查询。

联系考点	电话：**HSK**、**BCT**: 010-88888888
	传真：010-88888886

■答题卡填写指导

答题卡考生信息填涂部分内容包含：姓名、中文姓名、考生序号、考点代码、国籍、年龄和性别。考生可以根据 HSK 准考证上的信息逐一填写。

在填写各种代码或年龄等数字内容时，应先把相应数字写在每行左侧的空格内，然后在右侧相应的数字上画横道。回答问题时，应该在表示正确答案的字母上画上横道。横道均应画成[■]这样。

① 姓 名：考生证件上的姓名，需按照考生报名时证件上的姓名填写，且证件上的姓名必须与 HSK 准考证上登记的证件姓名完全一致。

② 中文姓名：如果有中文姓名，请填写。

③ 考生序号：18 位准考证号的最后 5 位。

④ 考点代码：每一个考点都有一个唯一的 7 位数字代码，请见准考证，或在考场向监考人员询问。

⑤ 国 籍：考生本人国籍的代码，为 3 位数字，请见准考证，或在考场向监考人员询问。

⑥ 年 龄：根据考生实际情况填涂。

⑦ 性 别：根据考生实际情况填涂。

三 成绩报告

HSK（二级）成绩报告提供听力、阅读和总分三个分数。总分 120 分为合格。

	满分	你的分数
听力	100	
阅读	100	
总分	200	

HSK 成绩长期有效。作为外国留学生进入中国院校学习的汉语能力的证明，HSK 成绩有效期为两年（从考试当日算起）。

新汉语水平考试
HSK （二级）
全真模拟题 1

注　　意

一、HSK（二级）分两部分：

　　1. 听力（35 题，约 25 分钟）

　　2. 阅读（25 题，22 分钟）

二、听力结束后，有 3 分钟填写答题卡。

三、全部考试约 55 分钟（含考生填写个人信息时间 5 分钟）。

中国　北京　　　　　　　　　　　　XXXX/XXXXXX　编制

一、听　力

第　一　部　分

第 1-10 题

例如：		✓
		✗
1.		
2.		
3.		
4.		

5.		
6.		
7.		
8.		
9.		
10.		

第 二 部 分

第 11-15 题

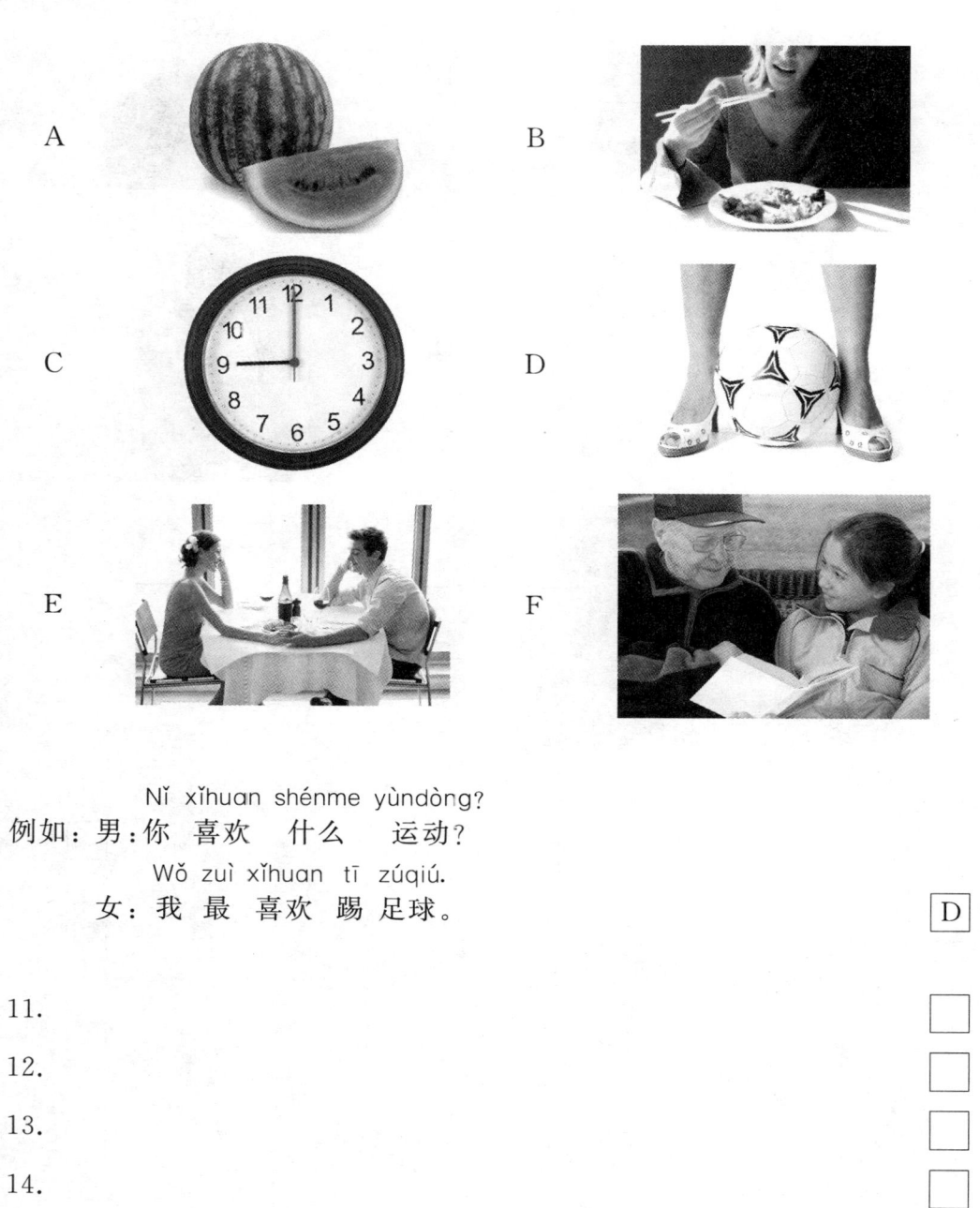

Nǐ xǐhuan shénme yùndòng?
例如：男：你 喜欢 什么 运动？

Wǒ zuì xǐhuan tī zúqiú.
女：我 最 喜欢 踢 足球。　　　　　　　　D

11.

12.

13.

14.

15.

第 16-20 题

A

B

C

D

E

16. □

17. □

18. □

19. □

20. □

第三部分

第 21-30 题

例如：男：<ruby>小<rt>Xiǎo</rt></ruby> <ruby>王<rt>Wáng</rt></ruby>，<ruby>这<rt>zhèli</rt></ruby><ruby>里<rt></rt></ruby> <ruby>有<rt>yǒu</rt></ruby> <ruby>几<rt>jǐ</rt></ruby> <ruby>个<rt>ge</rt></ruby> <ruby>杯<rt>bēizi</rt></ruby><ruby>子<rt></rt></ruby>，<ruby>哪<rt>nǎ</rt></ruby><ruby>个<rt>ge</rt></ruby> <ruby>是<rt>shì</rt></ruby> <ruby>你<rt>nǐ</rt></ruby> <ruby>的<rt>de</rt></ruby>？

女：<ruby>左<rt>Zuǒbian</rt></ruby><ruby>边<rt></rt></ruby> <ruby>那<rt>nà</rt></ruby><ruby>个<rt>ge</rt></ruby> <ruby>红<rt>hóngsè</rt></ruby><ruby>色<rt></rt></ruby> <ruby>的<rt>de</rt></ruby> <ruby>是<rt>shì</rt></ruby> <ruby>我<rt>wǒ</rt></ruby> <ruby>的<rt>de</rt></ruby>。

问：<ruby>小<rt>Xiǎo</rt></ruby> <ruby>王<rt>Wáng</rt></ruby> <ruby>的<rt>de</rt></ruby> <ruby>杯<rt>bēizi</rt></ruby><ruby>子<rt></rt></ruby> <ruby>是<rt>shì</rt></ruby> <ruby>什<rt>shénme</rt></ruby><ruby>么<rt></rt></ruby> <ruby>颜<rt>yánsè</rt></ruby><ruby>色<rt></rt></ruby> <ruby>的<rt>de</rt></ruby>？

hóngsè	hēisè	báisè
A 红色 √	B 黑色	C 白色

21.	nǚ de de jiějie A 女 的 的 姐姐	nán de de tóngxué B 男 的 的 同学	bú rènshi de rén C 不 认识 的 人
22.	zài gōngsī A 在 公司	zài jiā B 在 家	zài Shànghǎi C 在 上海
23.	bù xiǎng zuò fàn A 不 想 做 饭	qù fàndiàn chī B 去 饭店 吃	mǎi huilai chī C 买 回来 吃
24.	qǐng tā chī fàn A 请 她 吃 饭	zuò fàn B 做 饭	mǎi cài C 买 菜
25.	kǎoshì A 考试	wánr diànnǎo B 玩儿 电脑	xuéxí C 学习
26.	wèntí bú dà A 问题 不 大	zài mǎi xīn de B 再 买 新 的	bù dǒng diànnǎo C 不 懂 电脑
27.	diànyǐngyuàn A 电影院	lù shang B 路 上	jiā li C 家 里
28.	lánqiú A 篮球	zúqiú B 足球	zìxíngchē C 自行车
29.	shuì jiào A 睡 觉	chī fàn B 吃 饭	shàng bān C 上 班
30.	zǒuzhe qù A 走着 去	zuò huǒchē qù B 坐 火车 去	zuò chūzūchē qù C 坐 出租车 去

— 11 —

第四部分

第 31-35 题

例如：
Qǐng zài zhèr xiě nín de míngzi.
女：请 在 这儿 写 您 的 名字。

Shì zhèr ma?
男：是 这儿 吗？

Bú shì, shì zhèr.
女：不 是，是 这儿。

Hǎo, xièxie.
男：好，谢谢。

Nán de yào xiě shénme?
问：男 的 要 写 什么？

    míngzi   shíjiān   fángjiānhào
A 名字 √   B 时间   C 房间号

       gōngsī li   chē shang   shāngdiàn li
31. A 公司 里   B 车 上   C 商店 里

       diànhuà hàomǎ   míngzi   fángjiānhào
32. A 电话 号码   B 名字   C 房间号

       nán de   nán de de māma   nǚ de
33. A 男 的   B 男 的 的 妈妈   C 女 的

       nǚ'ér bù huílai le   ràng nán de dǎ diànhuà   tā jīntiān shēngrì
34. A 女儿 不 回来 了   B 让 男 的 打 电话 C 她 今天 生日

       zuò huǒchē   kāi chē   zuò fēijī
35. A 坐 火车   B 开 车   C 坐 飞机

— 12 —

二、阅 读

第一部分

第 36-40 题

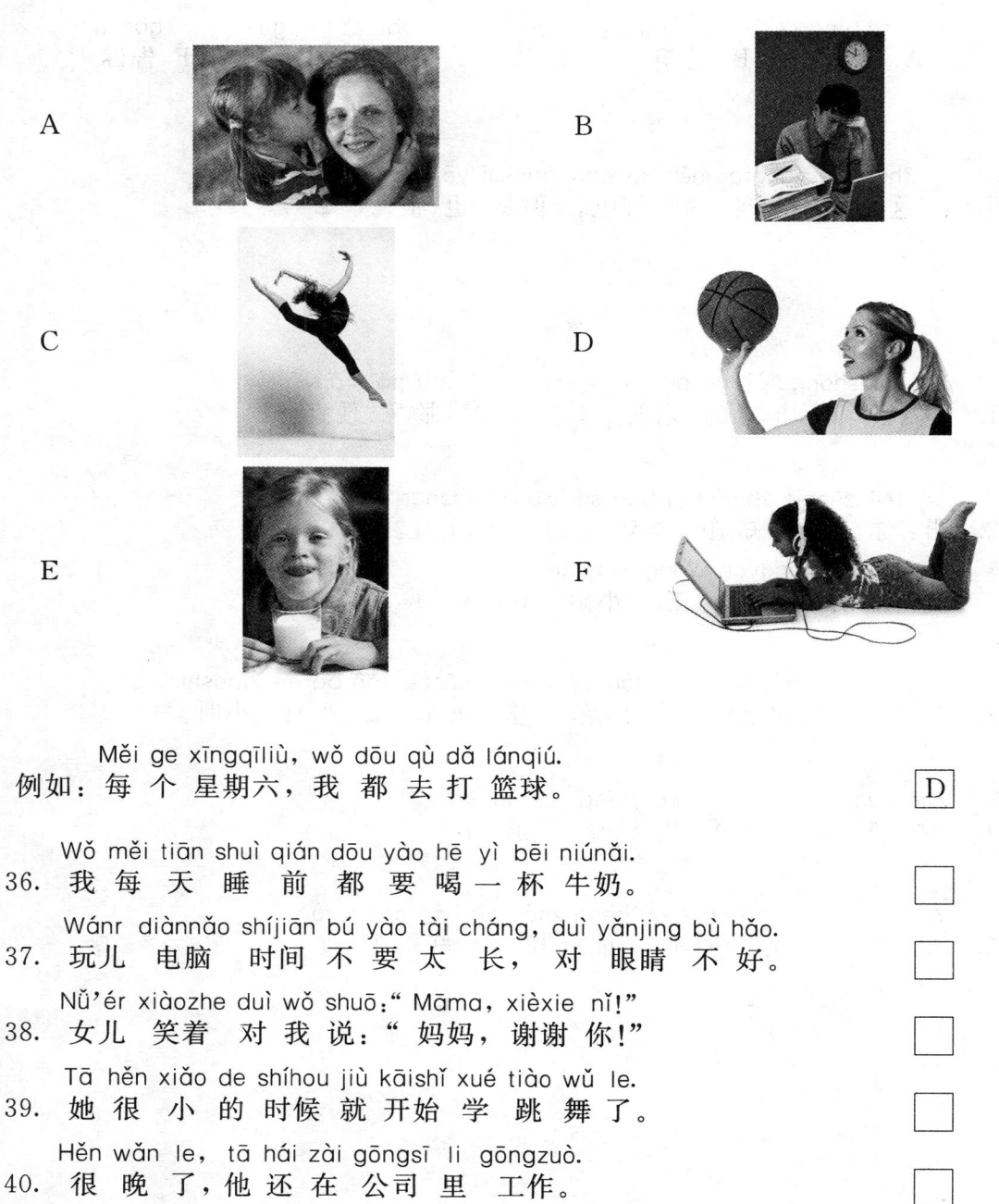

例如：
Měi ge xīngqīliù, wǒ dōu qù dǎ lánqiú.
每 个 星期六，我 都 去 打 篮球。 　D

36.
Wǒ měi tiān shuì qián dōu yào hē yì bēi niúnǎi.
我 每 天 睡 前 都 要 喝 一 杯 牛奶。

37.
Wánr diànnǎo shíjiān bú yào tài cháng, duì yǎnjing bù hǎo.
玩儿 电脑 时间 不要 太 长，对 眼睛 不 好。

38.
Nǚ'ér xiàozhe duì wǒ shuō:" Māma, xièxie nǐ!"
女儿 笑着 对 我 说："妈妈，谢谢 你！"

39.
Tā hěn xiǎo de shíhou jiù kāishǐ xué tiào wǔ le.
她 很 小 的 时候 就 开始 学 跳 舞了。

40.
Hěn wǎn le, tā hái zài gōngsī li gōngzuò.
很 晚 了，他 还 在 公司 里 工作。

— 13 —

第二部分

第 41-45 题

　　　　shìqing　　　xīwàng　　　cóng　　　bǐ　　　guì　　　gàosu
　　A 事情　　B 希望　　C 从　　D 比　　E 贵　　F 告诉

　　　　　Zhèr de yángròu hěn hǎochī, dànshì yě hěn
例如：这儿 的 羊肉 很 好吃，但是 也 很 （ E ）。

　　　　Zhè jiā shāngdiàn de dōngxi　　　　　nà jiā piányi.
41. 这 家 商店 的 东西 （　　） 那 家 便宜。

　　　　Nǐ zěnme zhīdào jīntiān shì wǒ de shēngrì?
42. 男：你 怎么 知道 今天 是 我 的 生日？
　　　　Nǐ de péngyou Wáng Xiǎoyǔ　　　　wǒ de.
　　女：你 的 朋友 王 小雨 （　　） 我 的。

　　　　　　Běijīng dào Shànghǎi, zuò huǒchē yào bā ge xiǎoshí.
43. （　　） 北京 到 上海， 坐 火车 要 八 个 小时。

　　　　Zhè jiàn　　　　wǒ yǐjīng zhīdào le.
44. 这 件 （　　） 我 已经 知道 了。

　　　　Wǒ　　　　míngnián néng zhǎo ge hǎo gōngzuò.
45. 我 （　　） 明年 能 找 个 好 工作。

— 14 —

第三部分

第 46-50 题

Xiànzài shì   diǎn   fēn, tāmen yǐjīng yóule   fēnzhōng le.
例如：现在 是 11 点 30 分，他们 已经 游了 20 分钟 了。

Tāmen   diǎn   fēn kāishǐ yóu yǒng.
★ 他们 11 点 10 分 开始 游 泳。   (√)

Wǒ huì tiào wǔ, dàn tiào de bù zěnmeyàng.
我 会 跳 舞，但 跳 得 不 怎么样。

Wǒ tiào de fēicháng hǎo.
★ 我 跳 得 非常 好。   (✕)

Wǒ zhǔnbèi bā yuè qù Shànghǎi lǚyóu, péngyou ràng wǒ zhù zài tā jiā li.
46. 我 准备 八 月 去 上海 旅游，朋友 让 我 住在 她 家里。

Wǒ xiànzài zhù zài péngyou jiā li.
★ 我 现在 住 在 朋友 家里。   (   )

Bàba měi tiān dōu hěn máng, méiyǒu shíjiān hé wǒ wánr. Děng tā dào jiā de
47. 爸爸 每 天 都 很 忙，没有 时间 和 我 玩儿。等 他 到家 的

shíhou, wǒ yǐjīng shuì jiào le.
时候，我 已经 睡 觉 了。

Bàba měi tiān dōu hé wǒ yìqǐ wánr.
★ 爸爸 每 天 都 和 我 一起 玩儿。   (   )

Gōngsī li de shìqing tài duō le, měi tiān huídào jiā wǒ shénme dōu bù xiǎng
48. 公司 里的 事情 太 多 了，每 天 回到 家 我 什么 都 不 想

zuò, jiù xiǎng shuì jiào.
做，就 想 睡 觉。

Wǒ měi tiān dōu juéde hěn lèi.
★ 我 每 天 都 觉得 很 累。   (   )

— 15 —

Xiǎohóng jiā fēicháng hǎozhǎo, wǒ qùguo hěn duō cì le, jiù zài Běijīng
49. 小红 家 非常 好找，我 去过 很 多 次 了，就 在 北京

Fàndiàn de pángbiānr.
饭店 的 旁边儿。

Xiǎohóng jiā zài Běijīng Fàndiàn pángbiānr.
★ 小红 家 在 北京 饭店 旁边儿。　　　　　　　（　　）

Zhè jǐ tiān dōu zài xià yǔ, tiānqì hěn lěng, xīwàng míngtiān shì ge qíngtiān.
50. 这 几 天 都 在 下 雨，天气 很 冷，希望 明天 是 个 晴天。

Jīntiān shì ge qíngtiān.
★ 今天 是 个 晴天。　　　　　　　　　　　　（　　）

— 16 —

第四部分

第 51-55 题

Nǐ dào nǎr le?
A 你 到 哪儿 了?

Wèntí bú dà, chī liǎng tiān yào jiù hǎo le.
B 问题 不大, 吃 两 天 药 就 好 了。

Yǒu shénme wèntí kěyǐ gěi wǒ dǎ diànhuà.
C 有 什么 问题 可以 给 我 打 电话。

Wǒmen bù děng tā le, kāishǐ ba.
D 我们 不 等 她 了, 开始 吧。

Tā zài nǎr ne? Nǐ kànjiàn tā le ma?
E 他 在 哪儿 呢? 你 看见 他 了 吗?

Qǐngwèn Wáng xiānsheng zài ma?
F 请问 王 先生 在 吗?

Tā hái zài jiàoshì li xuéxí.
例如: 他 还 在 教室 里 学习。 　　　　　　　　 E

Hǎo de, wǒ zhīdào le.
51. 好 的, 我 知道 了。 　　　　　　　　 □

Tā chūqu le, nín shí fēnzhōng hòu zài dǎ ba.
52. 他 出去 了, 您 十 分钟 后 再 打 吧。 　　　　　　　　 □

Wǒ kànjiàn nǐ le, nǐ jiù zài nàr děng wǒ.
53. 我 看见 你 了, 你 就 在 那儿 等 我。 　　　　　　　　 □

Lǐ xiǎojiě hái méi dào ne.
54. 李 小姐 还 没 到 呢。 　　　　　　　　 □

Wǒ háizi de bìng zěnmeyàng le?
55. 我 孩子 的 病 怎么样 了? 　　　　　　　　 □

— 17 —

第 56-60 题

Míngtiān shì dìdi de shēngrì, nǐ xiǎng sòng tā shénme?
A　明天　是 弟弟 的　生日，你　想　送　他　什么？

Wǒ lái jièshào yíxià, zhè shì wǒ de dàxué tóngxué.
B　我 来 介绍　一下，这　是　我 的　大学　同学。

Nǐ juéde zhè jiàn zěnmeyàng?
C　你 觉得 这　件　怎么样？

Tā xǐhuan bāng biérén, wǒmen dōu hěn xǐhuan tā.
D　他 喜欢　帮　别人，我们　都　很　喜欢 他。

Nǐ zuótiān shàngwǔ méi lái.
E　你 昨天　上午　没 来。

Hěn gāoxìng rènshi nǐ.
56. 很　高兴　认识 你。

Wǒ yǐjīng zhǔnbèi le tā zuì xǐhuan de shǒubiǎo.
57. 我 已经　准备　了 他 最　喜欢 的　手表。

Wǒ zěnme bù zhīdào zhè jiàn shì?
58. 我 怎么 不 知道 这　件　事？

Nǐ chuān shénme dōu hǎokàn.
59. 你 穿　什么　都　好看。

Wǒ hé Lǐ Míng shì yí ge xuéxiào de, wǒmen shì hěn hǎo de péngyou.
60. 我 和 李 明 是 一 个　学校　的，我们　是 很 好 的　朋友。

— 18 —

新汉语水平考试
HSK（二级）
全真模拟题 2

注　意

一、HSK（二级）分两部分：

    1. 听力（35题，约25分钟）

    2. 阅读（25题，22分钟）

二、听力结束后，有3分钟填写答题卡。

三、全部考试约55分钟（含考生填写个人信息时间5分钟）。

中国　北京　　　　　　　　　　××××/××××××　编制

一、听　力

第　一　部　分

第1-10题

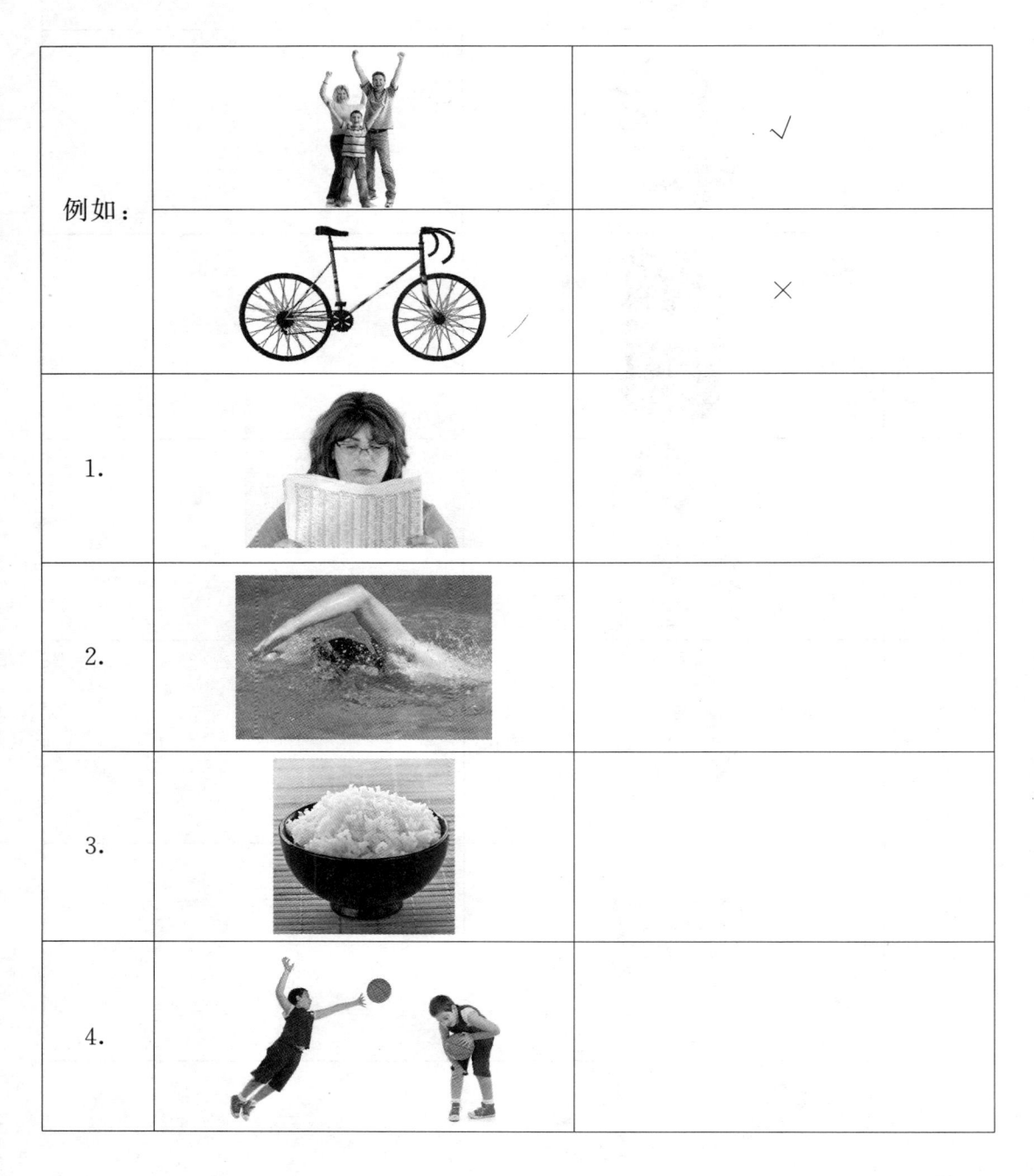

5.		
6.		
7.		
8.		
9.		
10.		

第 二 部 分

第 11-15 题

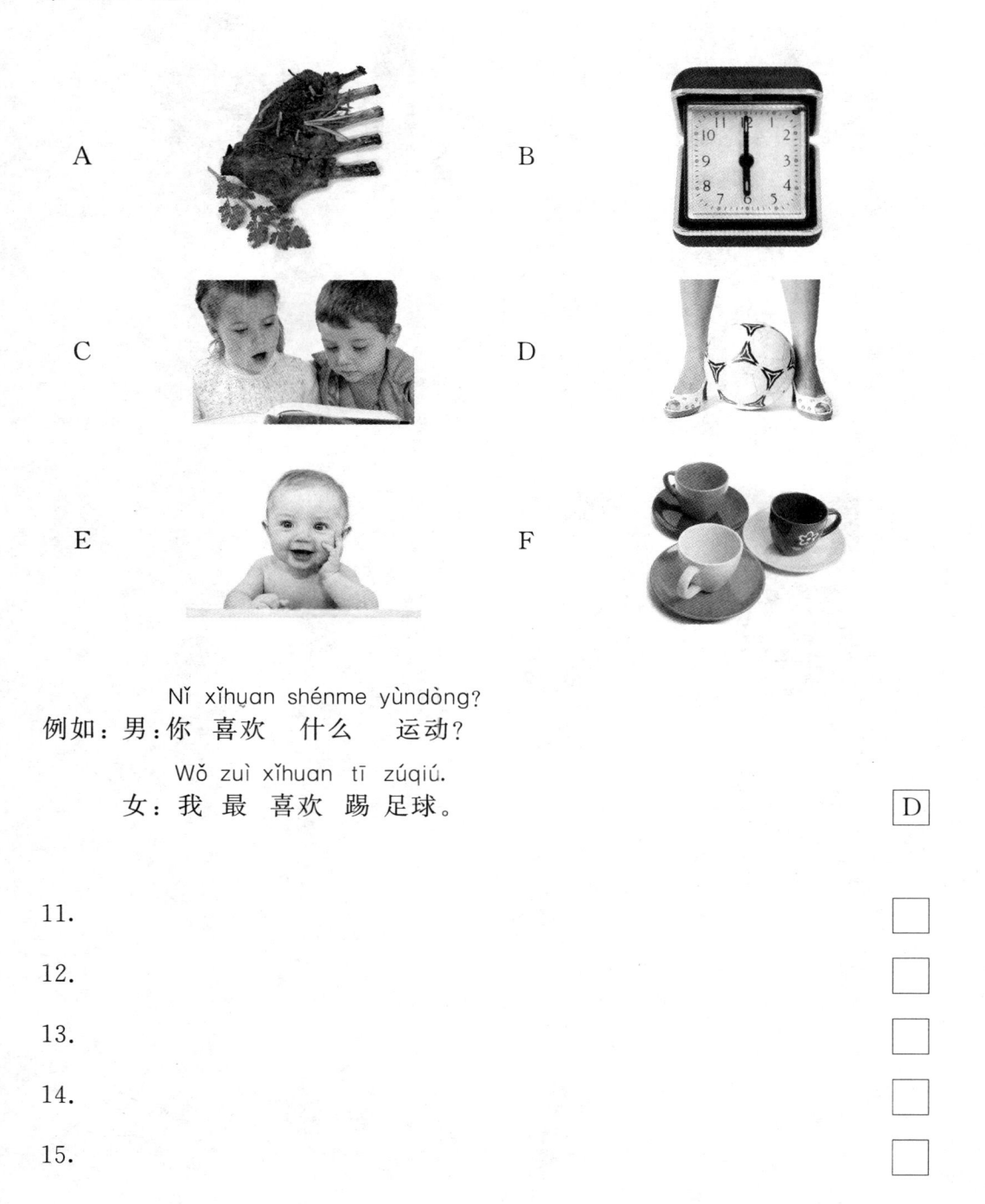

A   B

C   D

E   F

         Nǐ xǐhuan shénme yùndòng?

例如：男：你 喜欢 什么 运动？

          Wǒ zuì xǐhuan tī zúqiú.

        女：我 最 喜欢 踢 足球。   D

11.   □

12.   □

13.   □

14.   □

15.   □

第 16-20 题

A

B

C

D

E

16. ☐

17. ☐

18. ☐

19. ☐

20. ☐

— 24 —

第 三 部 分

第 21-30 题

例如：男：小　王，这里　有　几　个　杯子，哪　个　是　你　的？
　　　　Xiǎo Wáng, zhèli yǒu jǐ ge bēizi, nǎ ge shì nǐ de?

　　　女：左边　那个　红色　的　是　我　的。
　　　　Zuǒbian nà ge hóngsè de shì wǒ de.

　　　问：小　王　的　杯子　是　什么　颜色　的？
　　　　Xiǎo Wáng de bēizi shì shénme yánsè de?

A 红色 √　　　　　　　B 黑色　　　　　　　C 白色
　hóngsè　　　　　　　　hēisè　　　　　　　　báisè

21. A 他的妻子　　　　　B 李老师　　　　　　C 李老师的妻子
　　　tā de qīzi　　　　　　Lǐ lǎoshī　　　　　　Lǐ lǎoshī de qīzi

22. A 走路　　　　　　　B 开车　　　　　　　C 坐　公共　汽车
　　　zǒu lù　　　　　　　kāi chē　　　　　　　zuò gōnggòng qìchē

23. A 手机在家里　　　　B 手机没电了　　　　C 想买新手机
　　　shǒujī zài jiā li　　　shǒujī méi diàn le　　xiǎng mǎi xīn shǒujī

24. A 四岁　　　　　　　B 八岁　　　　　　　C 十岁
　　　sì suì　　　　　　　bā suì　　　　　　　shí suì

25. A 黑色　　　　　　　B 白色　　　　　　　C 红色
　　　hēisè　　　　　　　báisè　　　　　　　　hóngsè

26. A 开车　　　　　　　B 走路　　　　　　　C 坐　出租车
　　　kāi chē　　　　　　　zǒu lù　　　　　　　zuò chūzūchē

27. A 身体　不　好　　　B 眼睛　红　了　　　C 睡　得　不　好
　　　shēntǐ bù hǎo　　　yǎnjing hóng le　　　shuì de bù hǎo

28. A 公司　　　　　　　B 家里　　　　　　　C 商店　里
　　　gōngsī　　　　　　　jiā li　　　　　　　　shāngdiàn li

29. A 去过　了　　　　　B 明天　再　去　　　C 他　也　去
　　　qùguo le　　　　　　míngtiān zài qù　　　tā yě qù

30. A 九　点　四十　　　B 十　点　十　分　　C 十　点　二十
　　　jiǔ diǎn sìshí　　　shí diǎn shí fēn　　　shí diǎn èrshí

第 四 部 分

第 31-35 题

　　　　　　　Qǐng zài zhèr xiě nín de míngzi.
例如：女： 请 在 这儿 写 您 的 名字。

　　　　　　　Shì zhèr ma?
　　　男： 是 这儿 吗？

　　　　　　　Bú shì, shì zhèr.
女： 不 是，是 这儿。

　　　　　　　Hǎo, xièxie.
　　　男： 好，谢谢。

　　　　　　　Nán de yào xiě shénme?
问： 男 的 要 写 什么？

míngzi	shíjiān	fángjiānhào
A 名字 √	B 时间	C 房间号

	xǐ yīfu	dǎ diànhuà	huí jiā
31.	A 洗 衣服	B 打 电话	C 回 家

	shí diǎn èrshíwǔ	shíyī diǎn èrshíwǔ	shí'èr diǎn èrshíwǔ
32.	A 十 点 二十五	B 十一 点 二十五	C 十二 点 二十五

	jīntiān shàngwǔ	míngtiān shàngwǔ	míngtiān xiàwǔ
33.	A 今天 上午	B 明天 上午	C 明天 下午

	gōngsī tài yuǎn	gōngsī tài xiǎo	shìqing tài duō
34.	A 公司 太 远	B 公司 太 小	C 事情 太 多

	zhuōzi shang	chuáng shang	yǐzi shang
35.	A 桌子 上	B 床 上	C 椅子 上

— 26 —

二、阅 读

第 一 部 分

第 36-40 题

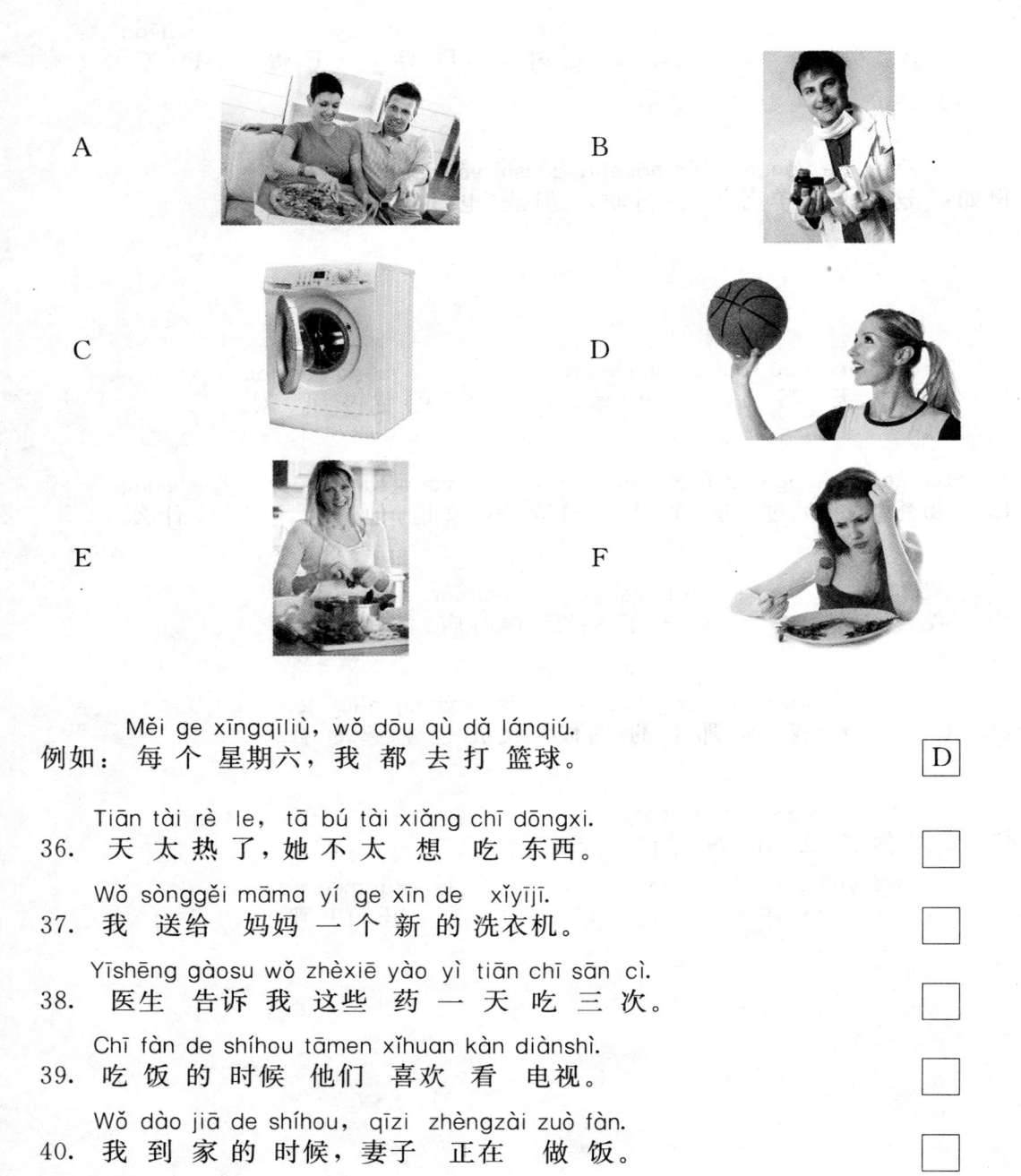

Měi ge xīngqīliù, wǒ dōu qù dǎ lánqiú.
例如： 每 个 星期六，我 都 去 打 篮球。　　　　　D

Tiān tài rè le, tā bú tài xiǎng chī dōngxi.
36. 天 太 热 了，她 不 太 想 吃 东西。

Wǒ sònggěi māma yí ge xīn de xǐyījī.
37. 我 送给 妈妈 一 个 新 的 洗衣机。

Yīshēng gàosu wǒ zhèxiē yào yì tiān chī sān cì.
38. 医生 告诉 我 这些 药 一 天 吃 三 次。

Chī fàn de shíhou tāmen xǐhuan kàn diànshì.
39. 吃 饭 的 时候 他们 喜欢 看 电视。

Wǒ dào jiā de shíhou, qīzi zhèngzài zuò fàn.
40. 我 到 家 的 时候，妻子 正在 做 饭。

— 27 —

第二部分

第 41-45 题

      pángbiān   suǒyǐ   wài   xìng   guì   děng
A 旁边   B 所以   C 外   D 姓   E 贵   F 等

      Zhèr de yángròu hěn hǎochī, dànshì yě hěn
例如：这儿 的 羊肉 很 好吃，但是 也 很（E）。

      Tā měi tiān dōu shuì de hěn wǎn,   juéde hěn lèi.
41. 他 每 天 都 睡 得 很 晚，（   ）觉得 很 累。

      Suīrán wǒ jiànguo zhè ge rén, dànshì bù zhīdào tā   shénme.
42. 虽然 我 见过 这 个 人，但是 不 知道 他（   ）什么。

      Wǒ jiā   xīn kāile yì jiā kāfēidiàn.
43. 我 家（   ）新 开了 一 家 咖啡店。

      wǒ dào nàr de shíhou, fēijī yǐjīng qǐfēi le.
44. （   ）我 到 那儿 的 时候，飞机 已经 起飞 了。

      Nǐ zěnme hái méi dào?
45. 女：你 怎么 还 没 到？
      Wǒ yǐjīng zài nǐ jiā mén   le, kāi mén ba.
      男：我 已经 在 你 家 门（   ）了，开 门 吧。

— 28 —

第三部分

第 46-50 题

Xiànzài shì   diǎn   fēn, tāmen yǐjīng yóule   fēnzhōng le.
例如： 现在 是 11 点 30 分，他们 已经 游了 20 分钟 了。

       Tāmen   diǎn   fēn kāishǐ yóu yǒng.
★ 他们 11 点 10 分 开始 游 泳。   (√)

       Wǒ huì tiào wǔ, dàn tiào de bù zěnmeyàng.
       我 会 跳 舞，但 跳 得 不 怎么样。

       Wǒ tiào de fēicháng hǎo.
★ 我 跳 得 非常 好。   (×)

       Wǒ de diànnǎo yǒu wèntí, wǒ jiù qù zhǎo gēge, yīnwèi tā hěn dǒng diànnǎo.
46. 我 的 电脑 有 问题，我 就 去 找 哥哥，因为 他 很 懂 电脑。

       Wǒ de gēge hěn dǒng diànnǎo.
★ 我 的 哥哥 很 懂 电脑。   ( )

       Wǒ lái Zhōngguó yǐjīng wǔ nián le, wǒ de Hànyǔ shuō de fēicháng hǎo. Wǒ
47. 我 来 中国 已经 五 年 了，我 的 汉语 说 得 非常 好。我

hái zhǔnbèi míngnián zài Zhōngguó zhǎo gōngzuò.
还 准备 明年 在 中国 找 工作。

       Wǒ xīwàng néng zài Zhōngguó gōngzuò.
★ 我 希望 能 在 中国 工作。   ( )

       Yīnwèi zǎoshang wǒ qǐ chuáng wǎn le, suǒyǐ chīwán zǎofàn hòu, māma kāi
48. 因为 早上 我 起 床 晚 了，所以 吃完 早饭 后，妈妈 开

chē sòng wǒ qù xuéxiào.
车 送 我 去 学校。

       Wǒ zǎoshang méi chī zǎofàn.
★ 我 早上 没 吃 早饭。   ( )

— 29 —

Wǒ lái Zhōngguó kuài shí nián le, péngyoumen dōu shuō wǒ de Hànyǔ shuō de

49. 我 来 中国 快 十 年 了， 朋友们 都 说 我 的 汉语 说 得

fēicháng hǎo.

非常 好。

Wǒ de péngyou Hànyǔ shuō de hěn hǎo.

★ 我 的 朋友 汉语 说 得 很 好。 （　）

Xiǎo Lǐ hěn ài xiào, měi tiān dōu hěn kuàilè, dàjiā fēicháng xǐhuan tā.

50. 小李 很 爱 笑， 每 天 都 很 快乐，大家 非常 喜欢 她。

Dàjiā měi tiān dōu hěn kuàilè.

★ 大家 每 天 都 很 快乐。 （　）

— 30 —

第 四 部 分

第 51-55 题

Zhè jiā de yángròu hěn hǎochī.
A 这家的 羊肉 很 好吃。

Suīrán zuótiān de diànyǐng fēicháng hǎokàn.
B 虽然 昨天 的 电影 非常 好看。

Nǐmen dàxué shì yí ge xuéxiào de ma?
C 你们 大学 是 一 个 学校 的 吗?

Nǐ hǎohāor xiūxi, wǒ míngtiān zài lái kàn nǐ.
D 你 好好儿 休息, 我 明天 再来 看 你。

Tā zài nǎr ne? Nǐ kànjiàn tā le ma?
E 他 在 哪儿 呢? 你 看见 他 了 吗?

Wǒ de cài zěnme hái méi hǎo?
F 我 的 菜 怎么 还 没 好?

Tā hái zài jiàoshì li xuéxí.
例如: 他 还 在 教室 里 学习。 | E |

Duìbuqǐ, wǒ bāng nín wènwen.
51. 对不起, 我 帮 您 问问。 | |

Xièxie, wǒ xiànzài shēntǐ hǎo duō le.
52. 谢谢, 我 现在 身体 好 多 了。 | |

Wèi shénme wǒ juéde bù zěnmeyàng ne?
53. 为 什么 我 觉得 不 怎么样 呢? | |

Dànshì piào hěn guì.
54. 但是 票 很 贵。 | |

Wǒmen shàng dàxué de shíhou zhù yí ge fángjiān.
55. 我们 上 大学 的 时候 住 一 个 房间。 | |

— 31 —

第 56-60 题

A　Huānyíng zài lái!
　　欢迎　再来！

B　Dìdi dǎ diànhuà shuō tā zhōngwǔ bù huílai le.
　　弟弟 打 电话 说 他 中午 不 回来 了。

C　Wǒ yǐjīng bù xiǎo le, kěyǐ bāngbang tā.
　　我 已经 不 小 了，可以 帮帮 她。

D　Nǐ zuǒbian de nà ge rén shì shéi?
　　你 左边 的 那个人 是 谁？

E　Xiānsheng, nín qù nǎr?
　　先生，您 去 哪儿？

56. Wǒ yě bù zhīdào tā jiào shénme míngzi.
　　我 也 不 知道 他 叫 什么 名字。

57. Wǒ qù jīchǎng, wǔshí fēnzhōng néng dào ma?
　　我 去 机场，五十 分钟 能 到 吗？

58. Nǐmen fàndiàn de yú zuò de hěn hǎochī.
　　你们 饭店 的鱼 做 得 很 好吃。

59. Māma měi tiān shàng bān dōu hěn lèi, huílai hái yào zuò fàn.
　　妈妈 每 天 上 班 都 很 累，回来 还 要 做 饭。

60. Tā de péngyou qǐng tā dào fàndiàn chī fàn.
　　他的 朋友 请 他 到 饭店 吃 饭。

— 32 —

新汉语水平考试
HSK（二级）
全真模拟题 3

注　　意

一、HSK（二级）分两部分：

　　1. 听力（35题，约25分钟）

　　2. 阅读（25题，22分钟）

二、**听力结束后，有3分钟填写答题卡。**

三、全部考试约55分钟（含考生填写个人信息时间5分钟）。

中国　北京　　　　　　　　　　　　××××/×××××× 编制

一、听　力

第　一　部　分

第 1-10 题

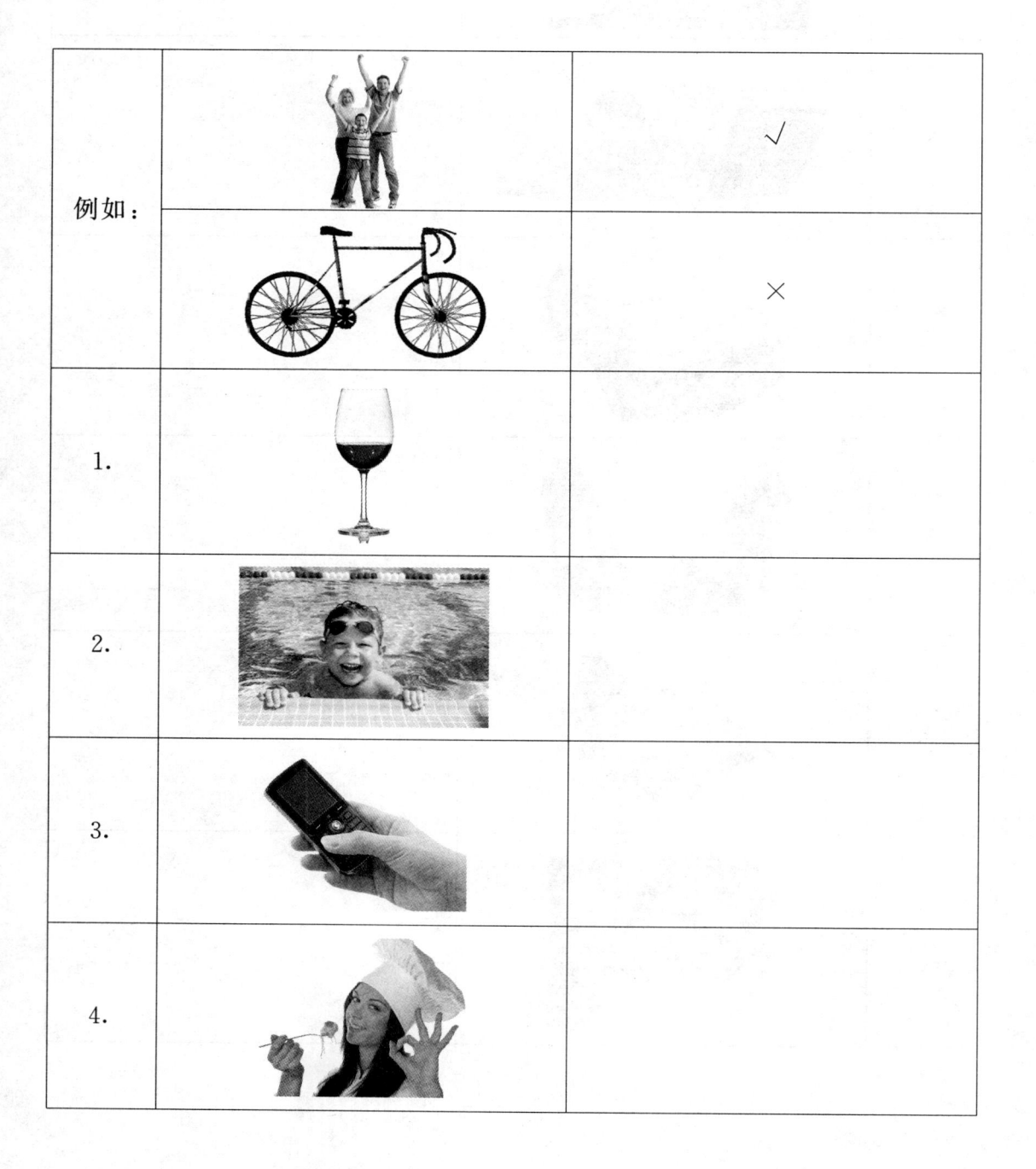

5.		
6.		
7.		
8.		
9.		
10.		

第 二 部 分

第 11-15 题

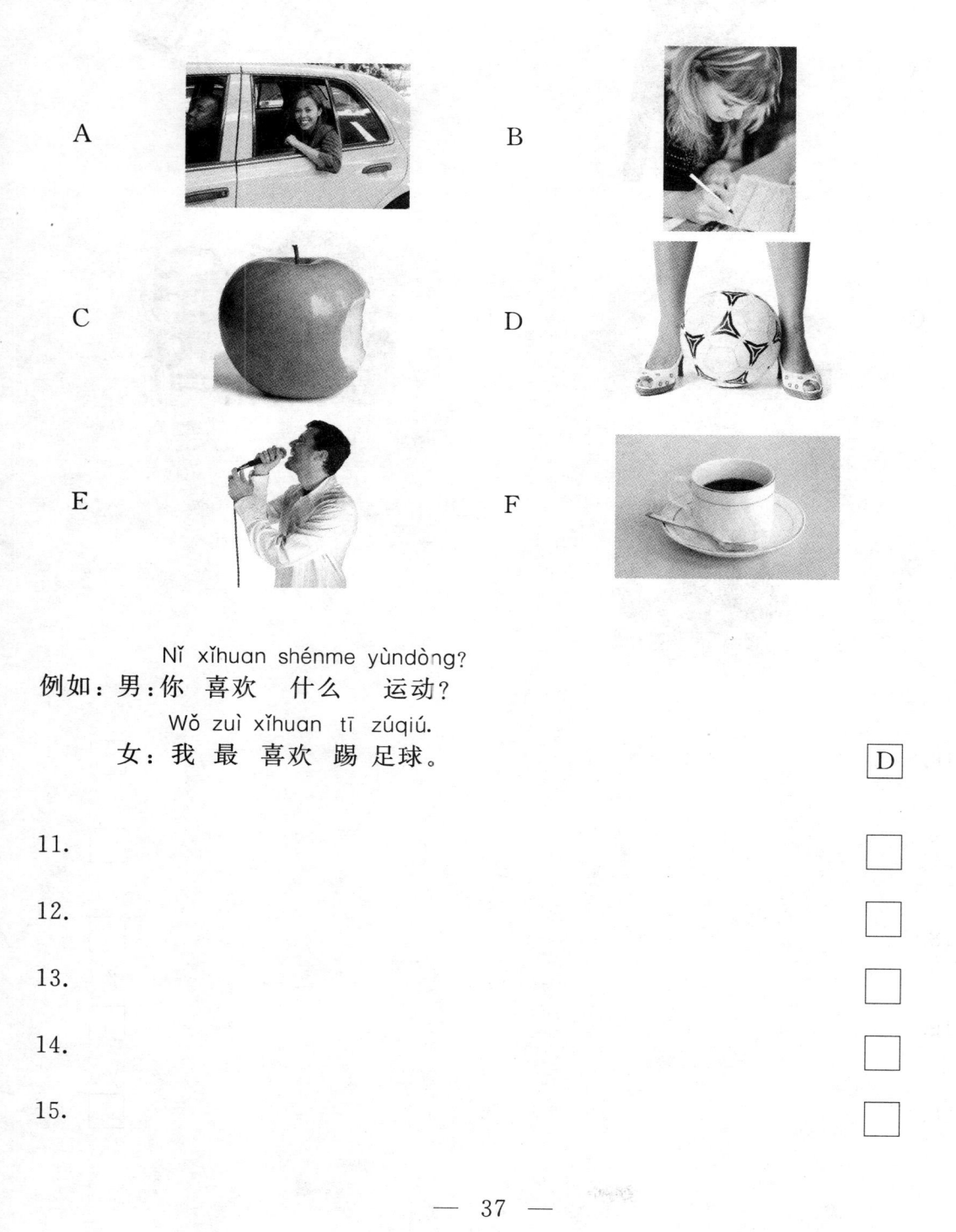

例如：男：你 喜欢 什么 运动？
　　　 Nǐ xǐhuan shénme yùndòng?

　　　女：我 最 喜欢 踢 足球。
　　　 Wǒ zuì xǐhuan tī zúqiú.

D

11. ☐

12. ☐

13. ☐

14. ☐

15. ☐

第 16-20 题

A

B

C

D

E

16. ☐

17. ☐

18. ☐

19. ☐

20. ☐

— 38 —

第 三 部 分

第 21-30 题

例如：男：
Xiǎo Wáng, zhèli yǒu jǐ ge bēizi, nǎ ge shì nǐ de?
小　王，这里　有　几　个 杯子,哪　个　是　你　的?

女：
Zuǒbian nà ge hóngsè de shì wǒ de.
左边　那　个　红色　的　是　我　的。

问：
Xiǎo Wáng de bēizi shì shénme yánsè de?
小　王　的 杯子 是　什么　颜色　的?

A 红色 √   B 黑色   C 白色
  hóngsè   hēisè   báisè

21. A 学习   B 考试   C 回家
     xuéxí   kǎoshì   huí jiā

22. A 工作   B 看球   C 睡觉
     gōngzuò   kàn qiú   shuì jiào

23. A 喜欢 跑步   B 不爱 运动   C 喜欢 旅游
     xǐhuan pǎo bù   bú ài yùndòng   xǐhuan lǚyóu

24. A 三十三   B 三十五   C 三十七
     sānshísān   sānshíwǔ   sānshíqī

25. A 上午 十点   B 下午 两点   C 晚上 十点
     shàngwǔ shí diǎn   xiàwǔ liǎng diǎn   wǎnshang shí diǎn

26. A 太小   B 太贵   C 太远
     tài xiǎo   tài guì   tài yuǎn

27. A 大学生   B 老师   C 医生
     dàxuéshēng   lǎoshī   yīshēng

28. A 今天 下午   B 下个 星期   C 星期天
     jīntiān xiàwǔ   xià ge xīngqī   xīngqītiān

29. A 生病了   B 考得不好   C 睡得不好
     shēng bìng le   kǎo de bù hǎo   shuì de bù hǎo

30. A 找工作   B 在家休息   C 找房子
     zhǎo gōngzuò   zài jiā xiūxi   zhǎo fángzi

第 四 部 分

第 31-35 题

例如：女：Qǐng zài zhèr xiě nín de míngzi.
请 在 这儿 写 您 的 名字。

男：Shì zhèr ma?
是 这儿 吗？

女：Bú shì, shì zhèr.
不 是，是 这儿。

男：Hǎo，xièxie.
好，谢谢。

问：Nán de yào xiě shénme?
男 的 要 写 什么？

A　míngzi
名字 √

B　shíjiān
时间

C　fángjiānhào
房间号

31. A　yì jīn
一 斤

B　yí ge
一 个

C　sān jīn
三 斤

32. A　lǎoshī
老师

B　bàba
爸爸

C　gēge
哥哥

33. A　hěn huì tiào wǔ
很 会 跳 舞

B　bú tài gāo
不 太 高

C　hěn piàoliang
很 漂亮

34. A　nǚ de de māma
女 的 的 妈妈

B　nán de
男 的

C　nǚ de
女 的

35. A　sì nián
四 年

B　liù nián
六 年

C　shí nián
十 年

— 40 —

二、阅 读

第 一 部 分

第 36-40 题

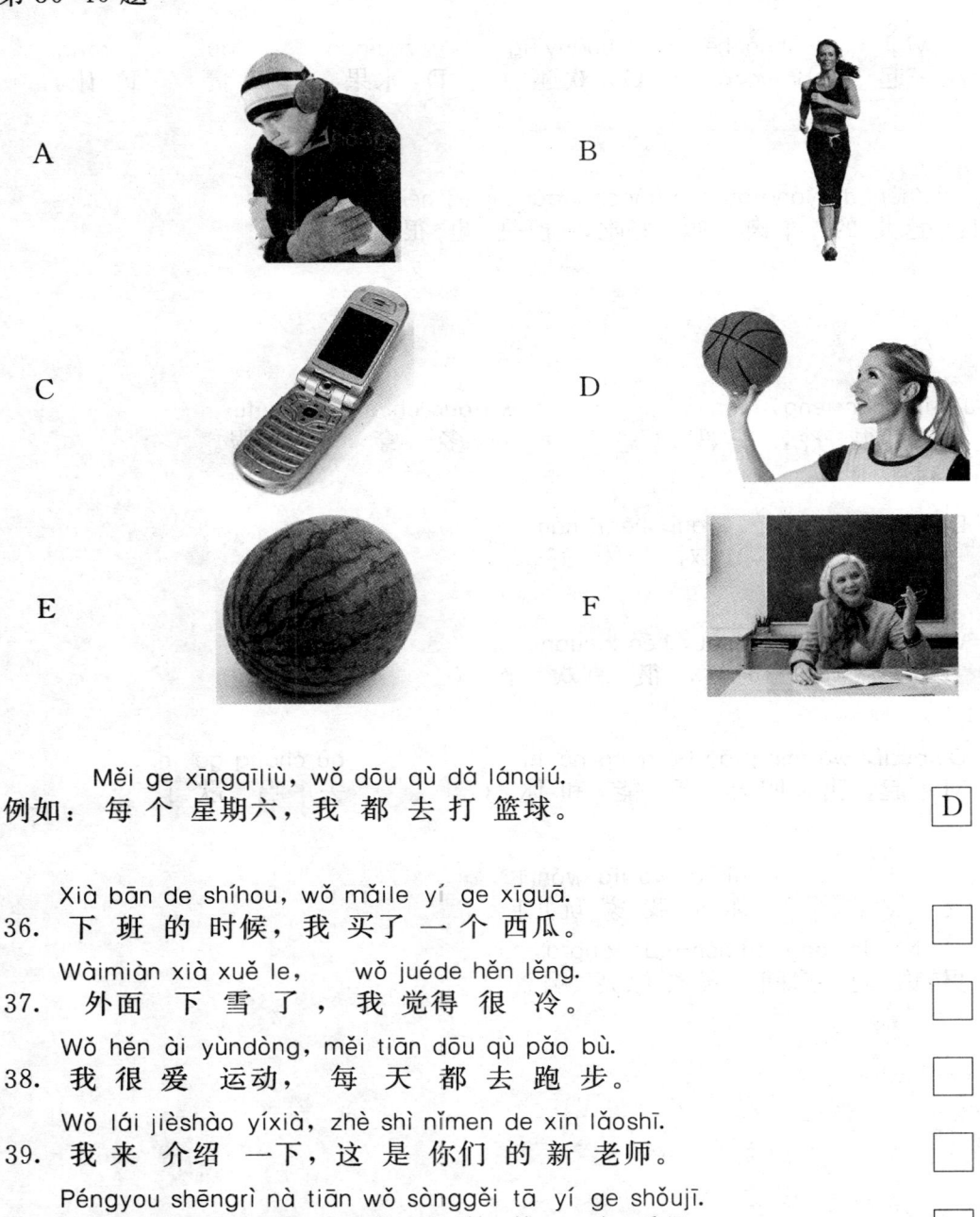

Měi ge xīngqīliù, wǒ dōu qù dǎ lánqiú.
例如： 每 个 星期六，我 都 去 打 篮球。　　　　　D

Xià bān de shíhou, wǒ mǎile yí ge xīguā.
36. 下 班 的 时候，我 买 了 一 个 西瓜。

Wàimiàn xià xuě le,　　wǒ juéde hěn lěng.
37. 外面 下 雪 了，我 觉得 很 冷。

Wǒ hěn ài yùndòng, měi tiān dōu qù pǎo bù.
38. 我 很 爱 运动，每 天 都 去 跑步。

Wǒ lái jièshào yíxià, zhè shì nǐmen de xīn lǎoshī.
39. 我 来 介绍 一下，这 是 你们 的 新 老师。

Péngyou shēngrì nà tiān wǒ sònggěi tā yí ge shǒujī.
40. 朋友 生日 那 天 我 送给 他 一 个 手机。

— 41 —

第 二 部 分

第 41-45 题

	yìqǐ		huǒchē		huānyíng		shuǐguǒ		guì		ràng
A	一起	B	火车	C	欢迎	D	水果	E	贵	F	让

Zhèr de yángròu hěn hǎochī, dànshì yě hěn
例如： 这儿 的 羊肉 很 好吃， 但是 也 很 （ E ）。

Jīntiān hěn lěng, māma　　　　　wǒ duō chuān jiàn yīfu.
41. 今天 很 冷， 妈妈 （ 　　 ） 我 多 穿 件 衣服。

Duō chī　　　　　duì shēntǐ hǎo.
42. 多 吃 （ 　　 ） 对 身体 好。

Wǒ qù lǚyóu de shíhou, hěn xǐhuan zuò
43. 我 去 旅游 的 时候， 很 喜欢 坐 （ 　　 ）。

Duìbuqǐ, wǒ míngtiān bù néng hé nǐ　　　　　qù chàng gē le.
44. 对不起，我 明天 不 能 和 你 （ 　　 ） 去 唱 歌 了。

　　　　　nǐ lái wǒ jiā wánr!
45. 女：（ 　　 ） 你来 我 家 玩儿！
　　　Nǐ de fángjiān hěn piàoliang a.
　　　男：你的 房间 很 漂亮 啊。

第 三 部 分

第 46-50 题

例如：
Xiànzài shì diǎn fēn, tāmen yǐjīng yóule fēnzhōng le.
现在 是 11 点 30 分，他们 已经 游了 20 分钟 了。

Tāmen diǎn fēn kāishǐ yóu yǒng.
★ 他们 11 点 10 分 开始 游 泳。 (√)

Wǒ huì tiào wǔ, dàn tiào de bù zěnmeyàng.
我 会 跳 舞，但 跳 得 不 怎么样。

Wǒ tiào de fēicháng hǎo.
★ 我 跳 得 非常 好。 (✕)

Lǐ lǎoshī shuō de tài kuài le, wǒ méi tīngdǒng tā shuō de huà, wǒ hái yào
46. 李 老师 说 得 太 快 了，我 没 听懂 他 说 的 话，我 还 要
zài wènwen tā.
再 问问 他。

Lǐ lǎoshī méi tīngdǒng wǒ de huà.
★ 李 老师 没 听懂 我 的 话。 ( )

Mèimei kāishǐ gōngzuò le, tā zhǎodào le yí ge lí gōngsī hěn jìn de fángzi,
47. 妹妹 开始 工作 了，她 找到 了一个 离 公司 很 近 的 房子，
dànshì tài guì le.
但是 太 贵 了。

Mèimei zhǎodào le yí ge piányi de fángzi.
★ 妹妹 找到 了一个 便宜 的 房子。 ( )

— 43 —

48. 他家离 学校 很近，走路五 分钟 就到 了，所以他 每 天
都来得很早。

★ 他每天五 点钟 就到 学校 了。　　　　　　　（　）

49. 星期天 我要去 商店 给儿子买 衣服，因为 他 去年 的 衣服
都小了。

★ 儿子 去年 的 衣服不 能 穿 了。　　　　　　（　）

50. 下午 朋友 打来 电话， 让 我和我 丈夫 晚上 去她 家
吃饭。

★ 晚上 朋友 请 我们 吃饭。　　　　　　　　（　）

第 四 部 分

第 51-55 题

Wǒ zài shuì shí fēnzhōng.
A 我 再 睡 十 分钟。

Búcuò, néng bāng wǒ sòngdào jiā ma?
B 不错, 能 帮 我 送到 家 吗?

Duì, xiě de fēicháng hǎo.
C 对, 写 得 非常 好。

Tā tiào wǔ yě tiào de fēicháng hǎo.
D 她 跳 舞 也 跳 得 非常 好。

Tā zài nǎr ne? Nǐ kànjiàn tā le ma?
E 他 在 哪儿 呢? 你 看见 他 了 吗?

Nǐ kàn mén shang xiě de shì shénme?
F 你 看 门 上 写 的 是 什么?

Tā hái zài jiàoshì li xuéxí.
例如: 他 还 在 教室 里 学习。 | E |

Lǎoshī, zhè ge qiānbǐ xiě de zì duì ma?
51. 老师, 这 个 铅笔 写 的 字 对 吗? | |

Xiě de shì " Xiūxi shíjiān qǐng búyào shuō huà".
52. 写 的 是 " 休息 时间 请 不要 说 话"。 | |

Xiǎohóng chàng gē zhēn hǎotīng.
53. 小红 唱 歌 真 好听。 | |

Yǐjīng jiǔ diǎn le, kuài qǐ chuáng.
54. 已经 九 点 了, 快 起 床。 | |

Xiānsheng, zhè zhuōzi zěnmeyàng?
55. 先生, 这 桌子 怎么样? | |

第 56-60 题

Zhè shì shéi de hàomǎ? Wǒ zěnme méi jiànguo.
A 这 是 谁 的 号码? 我 怎么 没 见过。

Méi guānxi, nǐ mànmānr kāi.
B 没 关系，你 慢慢儿 开。

Wǒ shēng bìng le, bù xiǎng qù le.
C 我 生 病 了，不 想 去 了。

Zhāng Xuě yào chū guó le.
D 张 雪 要 出 国 了。

Méi rén gàosu nǐ ma? Lǎoshī yǒu shì bù lái le.
E 没 人 告诉 你 吗? 老师 有 事 不 来 了。

Yǐjīng bā diǎn wǔshí le, zěnme hái bú shàng kè?
56. 已经 八 点 五十 了，怎么 还 不 上 课?

Nǐ kuài lái ba, wǒmen dōu zài děng nǐ.
57. 你 快 来 吧，我们 都 在 等 你。

Bù zhīdào, kěnéng dǎcuò le.
58. 不 知道，可能 打错 了。

Lù shang chē tài duō, wǒ kěnéng wǎndiǎnr dào.
59. 路 上 车 太 多，我 可能 晚点儿 到。

Wǒ míngtiān kāi chē sòng tā qù jīchǎng.
60. 我 明天 开车 送 她 去 机场。

— 46 —

新汉语水平考试
HSK （二级）
全真模拟题 4

注　　意

一、HSK（二级）分两部分：

    1. 听力（35题，约25分钟）

    2. 阅读（25题，22分钟）

二、听力结束后，有3分钟填写答题卡。

三、全部考试约55分钟（含考生填写个人信息时间5分钟）。

中国　北京　　　　　　　　　　　XXXX/XXXXXXX　编制

一、听 力

第 一 部 分

第 1-10 题

例如：		√
		×
1.		
2.		
3.		
4.		

5.		
6.		
7.		
8.		
9.		
10.		

第 二 部 分

第 11-15 题

A

B

C

D

E

F

Nǐ xǐhuan shénme yùndòng?
例如：男：你 喜欢 什么 运动？

Wǒ zuì xǐhuan tī zúqiú.
女：我 最 喜欢 踢 足球。 | D |

11. | |

12. | |

13. | |

14. | |

15. | |

— 51 —

第 16-20 题

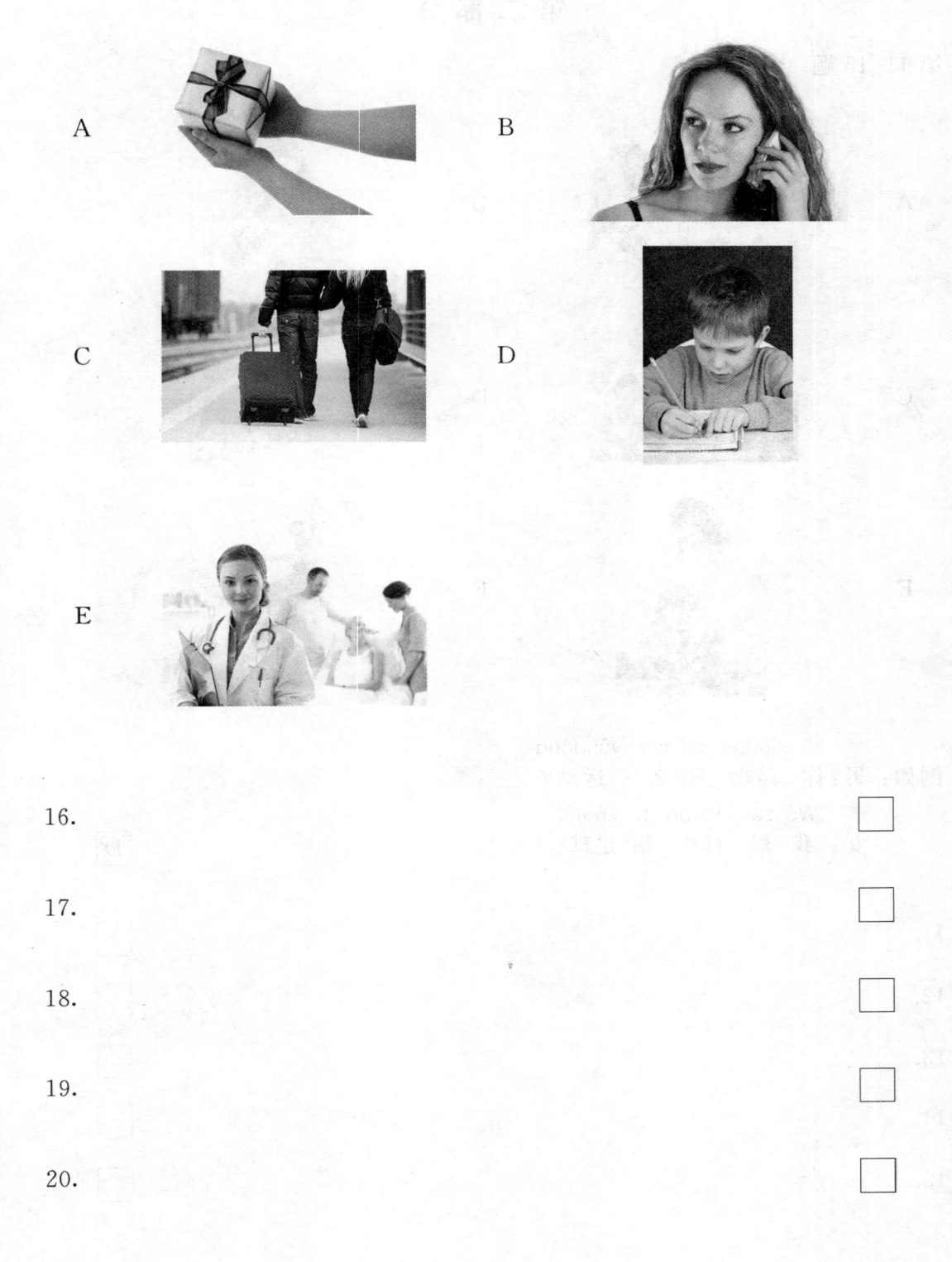

16. ☐

17. ☐

18. ☐

19. ☐

20. ☐

第 三 部 分

第 21-30 题

例如：男：小 王， 这里 有 几 个 杯子，哪 个 是 你 的？
Xiǎo Wáng, zhèli yǒu jǐ ge bēizi, nǎ ge shì nǐ de?

女：左边 那个 红色 的 是 我 的。
Zuǒbian nà ge hóngsè de shì wǒ de.

问：小 王 的 杯子 是 什么 颜色 的？
Xiǎo Wáng de bēizi shì shénme yánsè de?

A 红色 √ hóngsè	B 黑色 hēisè	C 白色 báisè

21.	A 没 学过 méi xuéguo	B 不 会 写 bú huì xiě	C 不 会 读 bú huì dú
22.	A 公司 gōngsī	B 饭店 fàndiàn	C 家里 jiā li
23.	A 太 小 了 tài xiǎo le	B 不 好看 bù hǎokàn	C 太 大 了 tài dà le
24.	A 没 听过 méi tīngguo	B 很 喜欢 hěn xǐhuan	C 不 好听 bù hǎotīng
25.	A 考试 kǎoshì	B 学习 xuéxí	C 看 电影 kàn diànyǐng
26.	A 家里 jiā li	B 医院 里 yīyuàn li	C 公司 里 gōngsī li
27.	A 床 上 chuáng shang	B 椅子 上 yǐzi shang	C 洗衣机 里 xǐyījī li
28.	A 她 丈夫 tā zhàngfu	B 她 同学 tā tóngxué	C 她 哥哥 tā gēge
29.	A 上 学 时 shàng xué shí	B 工作 后 gōngzuò hòu	C 介绍 后 jièshào hòu
30.	A 还 没 做 hái méi zuò	B 做好 了 zuòhǎo le	C 正在 做 zhèngzài zuò

第 四 部 分

第 31-35 题

例如：女： Qǐng zài zhèr xiě nín de míngzi.
请 在 这儿 写 您 的 名字。

男： Shì zhèr ma?
是 这儿 吗？

女： Bú shì, shì zhèr.
不 是，是 这儿。

男： Hǎo, xièxie.
好，谢谢。

问： Nán de yào xiě shénme?
男 的 要 写 什么？

A 名字 míngzi ✓   B 时间 shíjiān   C 房间号 fángjiānhào

31. A 医院 yīyuàn   B 火车站 huǒchēzhàn   C 出租车 里 chūzūchē li

32. A 生 病 了 shēng bìng le   B 找 房子 zhǎo fángzi   C 家里 有 事 jiā li yǒu shì

33. A 没 找到 méi zhǎodào   B 很 好 找 hěn hǎo zhǎo   C 不 想 去 bù xiǎng qù

34. A 天气 不 好 tiānqì bù hǎo   B 火车票 便宜 huǒchēpiào piányi   C 没 买到 机票 méi mǎidào jīpiào

35. A 太 便宜 tài piányi   B 颜色 不 好 yánsè bù hǎo   C 不 是 新 的 bú shì xīn de

— 54 —

二、阅 读

第 一 部 分

第 36-40 题

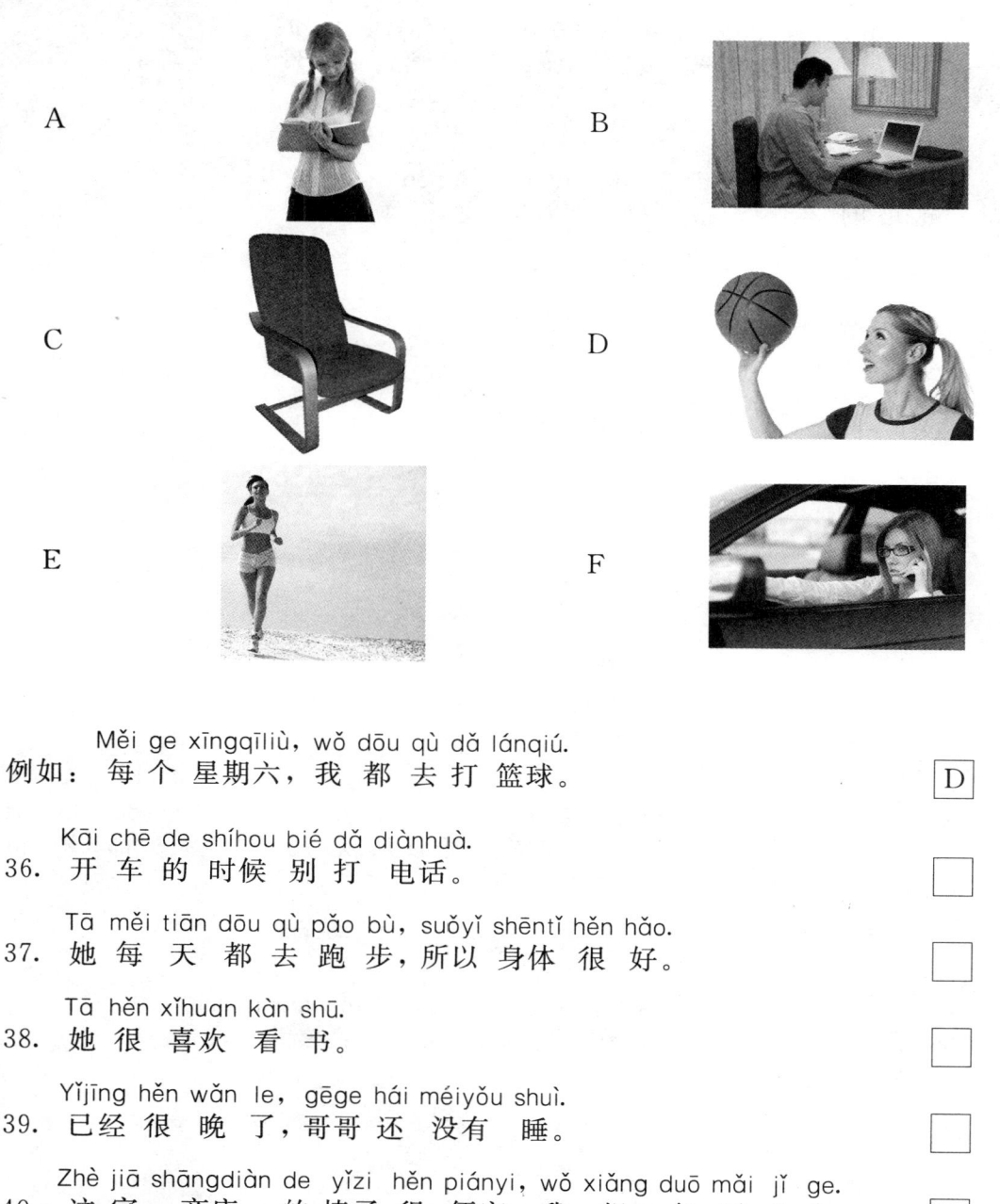

A

B

C

D

E

F

Měi ge xīngqīliù, wǒ dōu qù dǎ lánqiú.
例如： 每 个 星期六， 我 都 去 打 篮球。 D

Kāi chē de shíhou bié dǎ diànhuà.
36. 开 车 的 时候 别 打 电话。 ☐

Tā měi tiān dōu qù pǎo bù, suǒyǐ shēntǐ hěn hǎo.
37. 她 每 天 都 去 跑 步，所以 身体 很 好。 ☐

Tā hěn xǐhuan kàn shū.
38. 她 很 喜欢 看 书。 ☐

Yǐjīng hěn wǎn le, gēge hái méiyǒu shuì.
39. 已经 很 晚 了，哥哥 还 没有 睡。 ☐

Zhè jiā shāngdiàn de yǐzi hěn piányi, wǒ xiǎng duō mǎi jǐ ge.
40. 这 家 商店 的 椅子 很 便宜，我 想 多 买 几 个。 ☐

— 55 —

第二部分

第 41-45 题

      duì   gāoxìng   dǒng   lí   guì   jīdàn
A 对   B 高兴   C 懂   D 离   E 贵   F 鸡蛋

      Zhèr de yángròu hěn hǎochī, dànshì yě hěn
例如：这儿 的 羊肉 很 好吃，但是 也 很（ E ）。

      Zhè jiàn shì nǐ bié gàosu tā, tā huì bù   de.
41. 这 件 事 你 别 告诉 她，她 会 不（   ）的。

      Nǐ chīguo zǎofàn le ma?
42. 男：你 吃过 早饭 了 吗？
      Chīguo le, wǒ chīle liǎng ge
    女：吃过 了，我 吃了 两 个（   ）。

      Shuì de tài wǎn   shēntǐ bù hǎo.
43. 睡 得 太 晚（   ）身体 不 好。

      Tā jiā   xuéxiào fēicháng jìn, suǒyǐ tā měi tiān dōu lái de
44. 他家（   ）学校 非常 近，所以 他 每 天 都 来 得
    hěn zǎo.
    很 早。

      Wǒ tīng bu   nǐ zài shuō shénme, nǐ mànmānr shuō.
45. 我 听 不（   ）你 在 说 什么，你 慢慢儿 说。

— 56 —

第 三 部 分

第 46-50 题

Xiànzài shì diǎn fēn, tāmen yǐjīng yóule fēnzhōng le.
例如： 现在 是 11 点 30 分，他们 已经 游了 20 分钟 了。

Tāmen diǎn fēn kāishǐ yóu yǒng.
★ 他们 11 点 10 分 开始 游 泳。 (✓)

Wǒ huì tiào wǔ, dàn tiào de bù zěnmeyàng.
我 会 跳 舞，但 跳 得 不 怎么样。

Wǒ tiào de fēicháng hǎo.
★ 我 跳 得 非常 好。 (✕)

Jīntiān zhōngwǔ tiānqì yǒuxiē yīn, wǎnshang kěnéng yào xià xuě.
46. 今天 中午 天气 有些 阴， 晚上 可能 要 下 雪。

Jīntiān zhōngwǔ xià xuě le.
★ 今天 中午 下 雪 了。 ( )

Mèimei shì yí ge hěn ài xiào de rén, dàn jīntiān huí jiā de shíhou tā hěn
47. 妹妹 是 一个 很 爱 笑 的 人，但 今天 回 家的 时候 她 很

bù gāoxìng.
不 高兴。

Mèimei bù xǐhuan xiào.
★ 妹妹 不 喜欢 笑。 ( )

Wǒ de zhōngxué tóngxué gěi wǒ jièshàole yí ge nánpéngyou, tā xiànzài yǐjīng
48. 我 的 中学 同学 给 我 介绍了 一个 男朋友， 他 现在 已经

shì wǒ de zhàngfu le.
是 我 的 丈夫 了。

Wǒ de zhàngfu shì wǒ de zhōngxué tóngxué.
★ 我 的 丈夫 是 我 的 中学 同学。 ( )

— 57 —

49.
Wàimiàn yǔ xià de hěn dà, gōnggòng qìchē yě bù hǎo děng, suǒyǐ wǒ jiù zuò
外面 雨 下 得 很 大， 公共 汽车 也 不 好 等， 所以 我 就 坐

chūzūchē lái gōngsī le.
出租车 来 公司 了。

Wǒ zuò chūzūchē qù shàng bān.
★ 我 坐 出租车 去 上 班。 （ ）

50.
Wǒ xiànzài hé tóngxué zhù zài yìqǐ, wǒ de fángjiān tài xiǎo le, wǒ hěn
我 现在 和 同学 住 在 一起，我 的 房间 太 小 了，我 很

xiǎng zhǎo yí ge dà yìxiē de fángzi, yí ge rén zhù.
想 找 一个 大 一些 的 房子，一个 人 住。

Wǒ xīwàng yí ge rén zhù.
★ 我 希望 一个 人 住。 （ ）

第 四 部 分

第 51-55 题

Nín hǎo! Wǒ xiǎng qù Běijīng Dàxué, qǐngwèn zěnme zǒu?
A 您 好！我 想 去 北京 大学， 请问 怎么 走？

Wǒ de shǒujī méi diàn le.
B 我 的 手机 没 电 了。

Tā de Hànyǔ shuō de zhēn hǎo.
C 他 的 汉语 说 得 真 好。

Duìbuqǐ, wǒ bù zhīdào nǐ zài shuì jiào.
D 对不起，我 不 知道 你 在 睡 觉。

Tā zài nǎr ne? Nǐ kànjiàn tā le ma?
E 他 在 哪儿 呢？你 看见 他 了 吗？

Wǒ juéde Wáng Yǔ zhǎo de nà ge gōngsī tài xiǎo le.
F 我 觉得 王 雨 找 的 那个 公司 太 小 了。

Tā hái zài jiàoshì li xuéxí.
例如：他 还 在 教室 里 学习。   E

Tā hěn xǐhuan zài nàr gōngzuò.
51. 她 很 喜欢 在 那儿 工作。   ☐

Nǐ hái bù zhīdào ba? Tā qīzi shì Zhōngguórén.
52. 你 还 不 知道 吧？他 妻子 是 中国人。   ☐

Wǒ de gěi nǐ dǎ ba.
53. 我 的 给 你 打 吧。   ☐

Duìbuqǐ, wǒ yě bù zhīdào.
54. 对不起，我 也 不 知道。   ☐

Méi guānxi, wǒ yǐjīng qǐ chuáng le.
55. 没 关系，我 已经 起 床 了。   ☐

— 59 —

第 56-60 题

Nà ge fángjiān zhù de shì shéi? Nǐ rènshi ma?
A　那个 房间 住的是 谁? 你 认识 吗?

Bú tài kěnéng a, nǐ kàncuò le ba? Tā zuótiān bú shì qù Shànghǎi le ma?
B　不太 可能 啊, 你 看错 了 吧? 她 昨天 不 是 去 上海 了 吗?

Xuéxiào pángbiān kāile yí ge xīn de kāfēiguǎnr.
C　学校 旁边 开了一个 新 的 咖啡馆儿。

Méi shíjiān le, wǒ zǒu le.
D　没 时间 了, 我 走 了。

Tóngxué, nǐ zhīdào Hànyǔkè zài nǎ ge jiàoshì shàng ma?
E　同学, 你 知道 汉语课 在 哪个 教室 上 吗?

Wǒ hé péngyoumen hěn xǐhuan qù nàr.
56.　我 和 朋友们 很 喜欢 去 那儿。 □

Shì wǒmen gōngsī de, bǐ wǒ zǎo yì nián gōngzuò.
57.　是 我们 公司 的, 比 我 早 一 年 工作。 □

Wǒ zài huǒchēzhàn kànjiàn Lǐ xiǎojiě le.
58.　我 在 火车站 看见 李 小姐 了。 □

Duìbuqǐ, wǒ yě bù zhīdào, wǒ bú shì zhè ge xuéxiào de.
59.　对不起, 我 也 不 知道, 我 不 是 这 个 学校 的。 □

Chīle fàn zài qù ba, hái yǒu sìshí fēnzhōng ne.
60.　吃了 饭 再 去 吧, 还 有 四十 分钟 呢。 □

新汉语水平考试

HSK（二级）

全真模拟题 5

注　　意

一、HSK（二级）分两部分：

　　1. 听力（35题，约25分钟）

　　2. 阅读（25题，22分钟）

二、听力结束后，有3分钟填写答题卡。

三、全部考试约55分钟（含考生填写个人信息时间5分钟）。

中国　北京　　　　　　　　　XXXX/XXXXXXX　编制

一、听　力

第 一 部 分

第 1-10 题

例如：		√
		×
1.		
2.		
3.		
4.		

5.		
6.		
7.		
8.		
9.		
10.		

第 二 部 分

第 11-15 题

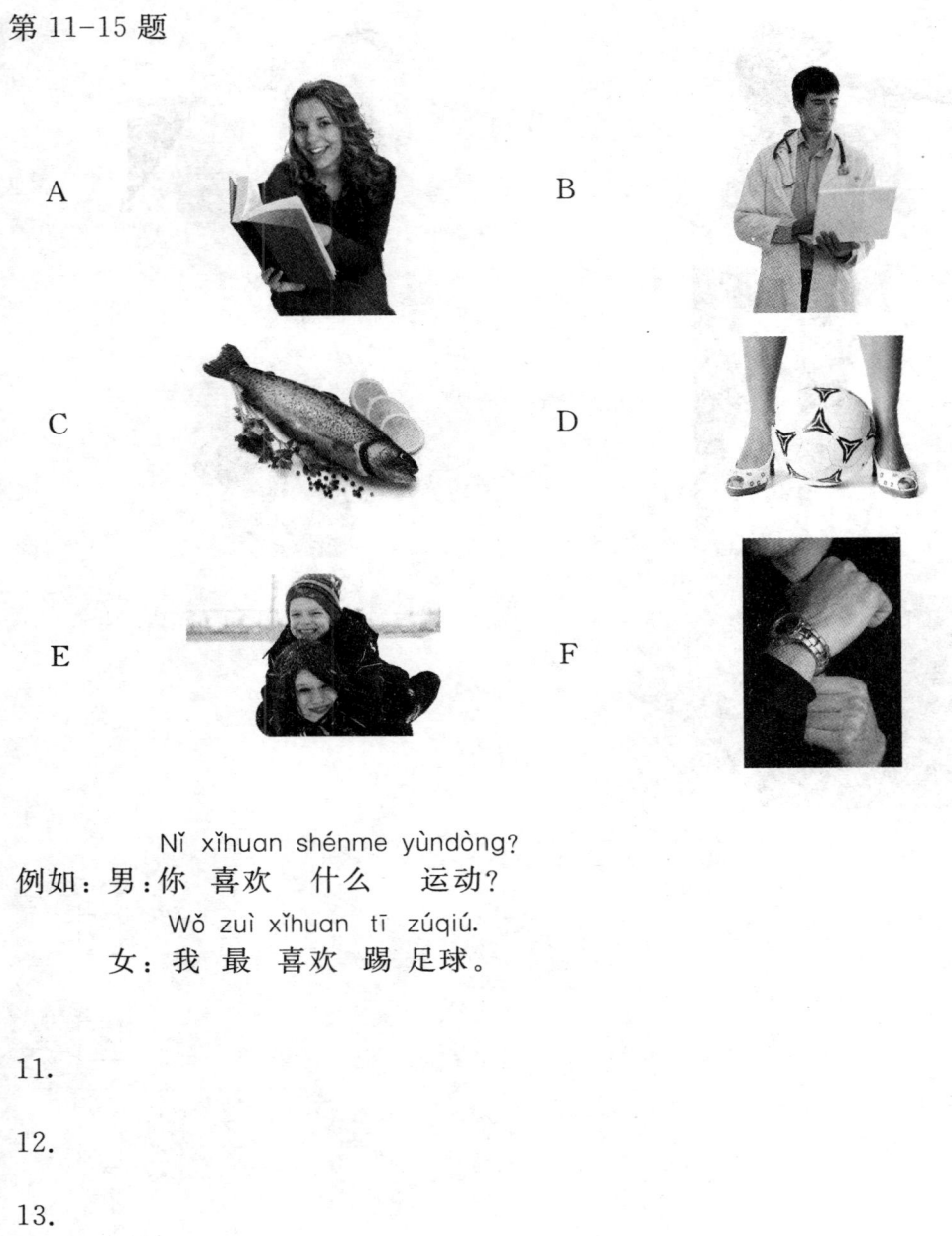

例如：男：你 喜欢 什么 运动？

Nǐ xǐhuan shénme yùndòng?

女：我 最 喜欢 踢 足球。

Wǒ zuì xǐhuan tī zúqiú.

D

11. ☐

12. ☐

13. ☐

14. ☐

15. ☐

第 16-20 题

A

B

C

D

E

16.

17.

18.

19.

20.

新汉语水平考试
HSK（二级）答题卡

姓名：

国籍：[0][1][2][3][4][5][6][7][8][9]

性别： 男[1] 女[2]

序号：[0][1][2][3][4][5][6][7][8][9]

考点：[0][1][2][3][4][5][6][7][8][9]

年龄：[0][1][2][3][4][5][6][7][8][9]

学习汉语的时间：
6个月以下 [1]   6个月—1年 [2]
1年—18个月 [3]   18个月—2年 [4]
2年—3年 [5]   3年以上 [6]

你是华裔吗？ 是 [1]   不是 [2]

注意：请用2B铅笔这样写：■

一、听力

1. [√] [×]
2. [√] [×]
3. [√] [×]
4. [√] [×]
5. [√] [×]

6. [√] [×]
7. [√] [×]
8. [√] [×]
9. [√] [×]
10. [√] [×]

11. [A] [B] [C] [D] [E] [F]
12. [A] [B] [C] [D] [E] [F]
13. [A] [B] [C] [D] [E] [F]
14. [A] [B] [C] [D] [E] [F]
15. [A] [B] [C] [D] [E] [F]

16. [A] [B] [C] [D] [E] [F]
17. [A] [B] [C] [D] [E] [F]
18. [A] [B] [C] [D] [E] [F]
19. [A] [B] [C] [D] [E] [F]
20. [A] [B] [C] [D] [E] [F]

21. [A] [B] [C]
22. [A] [B] [C]
23. [A] [B] [C]
24. [A] [B] [C]
25. [A] [B] [C]

26. [A] [B] [C]
27. [A] [B] [C]
28. [A] [B] [C]
29. [A] [B] [C]
30. [A] [B] [C]

31. [A] [B] [C]
32. [A] [B] [C]
33. [A] [B] [C]
34. [A] [B] [C]
35. [A] [B] [C]

二、阅读

36. [A] [B] [C] [D] [E] [F]
37. [A] [B] [C] [D] [E] [F]
38. [A] [B] [C] [D] [E] [F]
39. [A] [B] [C] [D] [E] [F]
40. [A] [B] [C] [D] [E] [F]

41. [A] [B] [C] [D] [E] [F]
42. [A] [B] [C] [D] [E] [F]
43. [A] [B] [C] [D] [E] [F]
44. [A] [B] [C] [D] [E] [F]
45. [A] [B] [C] [D] [E] [F]

46. [√] [×]
47. [√] [×]
48. [√] [×]
49. [√] [×]
50. [√] [×]

51. [A] [B] [C] [D] [E] [F]
52. [A] [B] [C] [D] [E] [F]
53. [A] [B] [C] [D] [E] [F]
54. [A] [B] [C] [D] [E] [F]
55. [A] [B] [C] [D] [E] [F]

56. [A] [B] [C] [D] [E] [F]
57. [A] [B] [C] [D] [E] [F]
58. [A] [B] [C] [D] [E] [F]
59. [A] [B] [C] [D] [E] [F]
60. [A] [B] [C] [D] [E] [F]

第 三 部 分

第 21-30 题

Xiǎo Wáng, zhèli yǒu jǐ ge bēizi, nǎ ge shì nǐ de?
例如：男：小 王，这里 有 几 个 杯子，哪个 是 你 的？

Zuǒbian nà ge hóngsè de shì wǒ de.
女：左边 那个 红色 的 是 我 的。

Xiǎo Wáng de bēizi shì shénme yánsè de?
问：小 王 的 杯子 是 什么 颜色 的？

hóngsè   hēisè   báisè
A 红色 √   B 黑色   C 白色

	méi xià bān	zài děng rén	bù xiǎng huí
21.	A 没 下 班	B 在 等 人	C 不 想 回

	mǎi shū	shuì jiào	zhǎo dōngxi
22.	A 买书	B 睡 觉	C 找 东西

	fēicháng hǎochī	xiǎng qù fàndiàn	bù zěnmeyàng
23.	A 非常 好吃	B 想 去 饭店	C 不 怎么样

	méi kǎohǎo	tài lèi le	bù xiǎng xuéxí
24.	A 没 考好	B 太 累了	C 不 想 学习

	méiyǒu	bú rènshi	yǒu liǎng ge
25.	A 没有	B 不 认识	C 有 两个

	tài lèi le	shēng bìng le	tiānqì tài rè
26.	A 太 累了	B 生 病了	C 天气 太 热

	tài dà le	qián tài shǎo	bù hǎokàn
27.	A 太大了	B 钱 太 少	C 不 好看

	nán de	Lǐ xiǎojiě	Zhāng xiānsheng
28.	A 男 的	B 李 小姐	C 张 先生

	liù diǎn wǔshíwǔ	qī diǎn èrshí	qī diǎn sìshíwǔ
29.	A 六点 五十五	B 七 点 二十	C 七 点 四十五

	shàngwǔ shí diǎn	xiàwǔ sān diǎn	wǎnshang bā diǎn
30.	A 上午 十点	B 下午 三 点	C 晚上 八 点

第 四 部 分

第 31-35 题

Qǐng zài zhèr xiě nín de míngzi.
例如：女：请 在 这儿 写 您 的 名字。

Shì zhèr ma?
男：是 这儿 吗？

Bú shì, shì zhèr.
女：不 是，是 这儿。

Hǎo, xièxie.
男：好，谢谢。

Nán de yào xiě shénme?
问：男 的 要 写 什么？

míngzi	shíjiān	fángjiānhào
A 名字 √	B 时间	C 房间号

	fàndiàn	shāngdiàn	kāfēidiàn
31.	A 饭店	B 商店	C 咖啡店

	míngzi	fángjiānhào	shǒujīhào
32.	A 名字	B 房间号	C 手机号

	liǎng bǎi liùshí kuài	sān bǎi liùshí kuài	qī bǎi bāshí kuài
33.	A 两 百 六十 块	B 三 百 六十 块	C 七 百 八十 块

	zhǎo rén	zhǎo gōngzuò	děng péngyou
34.	A 找 人	B 找 工作	C 等 朋友

	chī fàn	shàng bān	kàn bàozhǐ
35.	A 吃 饭	B 上 班	C 看 报纸

二、阅 读

第一部分

第 36-40 题

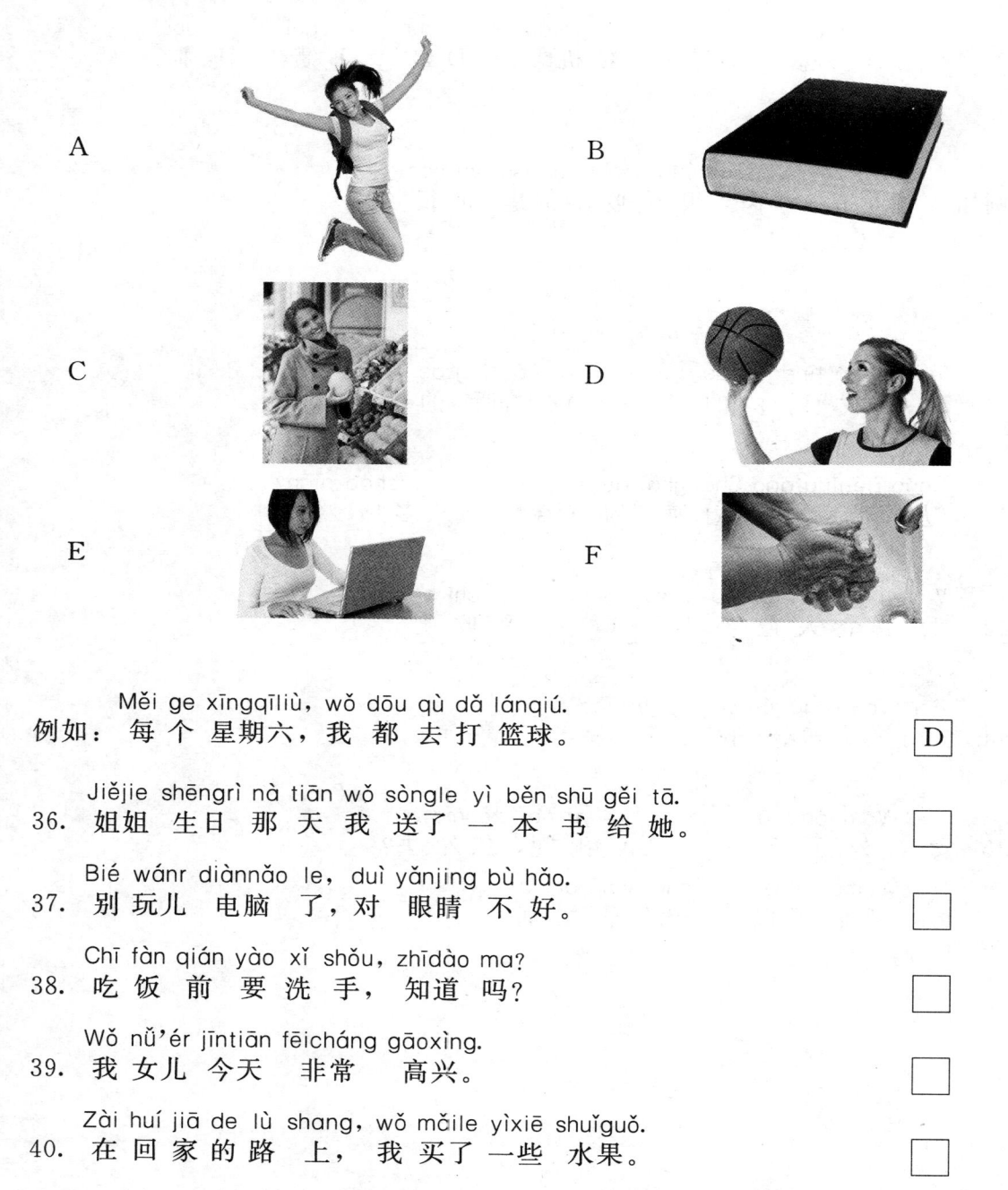

A

B

C

D

E

F

Měi ge xīngqīliù, wǒ dōu qù dǎ lánqiú.
例如：每 个 星期六，我 都 去 打 篮球。　　D

Jiějie shēngrì nà tiān wǒ sòngle yì běn shū gěi tā.
36. 姐姐 生日 那 天 我 送了 一 本 书 给 她。

Bié wánr diànnǎo le, duì yǎnjing bù hǎo.
37. 别 玩儿 电脑 了，对 眼睛 不 好。

Chī fàn qián yào xǐ shǒu, zhīdào ma?
38. 吃 饭 前 要 洗 手，知道 吗?

Wǒ nǚ'ér jīntiān fēicháng gāoxìng.
39. 我 女儿 今天 非常 高兴。

Zài huí jiā de lù shang, wǒ mǎile yìxiē shuǐguǒ.
40. 在 回 家 的 路 上，我 买了 一些 水果。

第二部分

第 41—45 题

        yìqǐ   zhe   jīpiào   zuì   guì   gǒu

A 一起　　B 着　　C 机票　　D 最　　E 贵　　F 狗

    Zhèr　de yángròu hěn hǎochī, dànshì yě hěn

例如：这儿 的 羊肉 很 好吃，但是 也 很（ E ）。

    Zhè shì wǒ tīngguo de　　　　　hǎotīng de gē.

41. 这 是 我 听过 的（　　　）好听 的 歌。

    Cóng Běijīng dào Shànghǎi de　　　　duōshao qián?

42. 从 北京 到 上海 的（　　　）多少 钱？

    Wǒ yí ge rén chī bu wán,　　　　chī ba.

43. 我 一个 人 吃 不 完，（　　　）吃 吧。

    Péngyou sònggěi wǒ yí ge xiǎo

44. 朋友 送给 我 一个 小（　　　）。

    Wàimiàn xià　　　　　yǔ ne, zěnme qù?

45. 女：外面 下（　　　）雨 呢，怎么 去？

    Wǒmen kěyǐ zuò chūzūchē qù a.

  男：我们 可以 坐 出租车 去 啊。

— 70 —

第 三 部 分

第 46-50 题

例如：
Xiànzài shì diǎn fēn, tāmen yǐjīng yóule fēnzhōng le.
现在 是 11 点 30 分，他们 已经 游了20 分钟 了。

Tāmen diǎn fēn kāishǐ yóu yǒng.
★ 他们 11 点 10 分 开始 游 泳。 （ √ ）

Wǒ huì tiào wǔ, dàn tiào de bù zěnmeyàng.
我 会 跳 舞，但 跳 得 不 怎么样。

Wǒ tiào de fēicháng hǎo.
★ 我 跳 得 非常 好。 （ × ）

Suīrán tā jīnnián yǐjīng suì le, dànshì shēntǐ fēicháng hǎo.
46. 虽然 他 今年 已经 80 岁 了，但是 身体 非常 好。

Tā shēntǐ bú tài hǎo.
★ 他 身体 不 太 好。 （ ）

Nà ge nǚháir shì wǒ mèimei de tóngxué, yǎnjing hěn dà, hěn piàoliang.
47. 那个 女孩儿 是 我 妹妹 的 同学， 眼睛 很 大，很 漂亮。

Wǒ mèimei yǎnjing hěn dà.
★ 我 妹妹 眼睛 很 大。 （ ）

Yīnwèi jīntiān yǒu kǎoshì, suǒyǐ wǒ zuótiān shuì de hěn wǎn, jīntiān zǎoshang
48. 因为 今天 有 考试，所以 我 昨天 睡 得 很 晚，今天 早上

wǒ hěn bù xiǎng qǐ chuáng.
我 很 不 想 起 床。

Wǒ jīntiān zǎoshang qǐ de hěn wǎn.
★ 我 今天 早上 起 得 很 晚。 （ ）

— 71 —

Nǐ shuō de nà jiā fàndiàn zài nǎr? Wǒ wènle hěn duō rén, tāmen dōu shuō

49. 你 说 的 那 家 饭店 在 哪儿？我 问 了 很 多 人，他们 都 说

bù zhīdào.

不 知道。

Wǒ méiyǒu zhǎodào nà jiā fàndiàn.

★ 我 没有 找到 那 家 饭店。 （ ）

Wǒ rènshi zhè ge rén, tā hé wǒ zài yí ge gōngsī gōngzuò, dàn wǒ bù zhīdào

50. 我 认识 这 个 人，他 和 我 在 一 个 公司 工作， 但 我 不 知道

tā jiào shénme míngzi.

他 叫 什么 名字。

Tā shì wǒmen gōngsī de.

★ 他 是 我们 公司 的。 （ ）

第 四 部 分

第51-55题

Hěn cháng shíjiān méiyǒu jiàndào nǐ le, qù nǎr le?
A 很 长 时间 没有 见到 你 了,去 哪儿 了?

Nǐ zuò de cài zhēn hǎochī, hái yǒu mǐfàn ma?
B 你 做 的 菜 真 好吃,还 有 米饭 吗?

Zhè jiàn shì hěn duō rén dōu zhīdào le.
C 这 件 事 很 多 人 都 知道 了。

Míngtiān yìqǐ qù yóuyǒng zěnmeyàng?
D 明天 一起 去 游 泳 怎么样?

Tā zài nǎr ne? Nǐ kànjiàn tā le ma?
E 他 在 哪儿 呢? 你 看见 他 了 吗?

Jīdàn shì shénme shíhou mǎi de?
F 鸡蛋 是 什么 时候 买 的?

Tā hái zài jiàoshì li xuéxí.
例如:他 还 在 教室 里学习。 | E |

Duìbuqǐ, wǒ jiā li yǒu shì.
51. 对不起,我 家 里 有 事。

Ràng wǒ xiǎngxiang, yí ge xīngqī qián ba.
52. 让 我 想想, 一 个 星期 前 吧。

Hái yǒu hěn duō, nǐ mànmānr chī.
53. 还 有 很 多,你 慢慢儿 吃。

Wǒ qù Běijīng lǚyóu le.
54. 我 去 北京 旅游 了。

Nǐ zěnme bú gàosu wǒ ne?
55. 你 怎么 不 告诉 我 呢?

第 56-60 题

A
Tài wǎn le, xià cì ba.
太 晚 了，下 次 吧。

B
Shì ma? Wǒ zěnme xiǎng bu qǐlái le?
是 吗？我 怎么 想 不起来 了？

C
Dàjiā dōu chàng le, nǐ yě chàng yí ge ba.
大家 都 唱 了，你 也 唱 一 个 吧。

D
Xiàwǔ yǒu rén zhǎoguo wǒ ma?
下午 有 人 找过 我 吗？

E
Fàncài dōu zài zhuō shang, wǒ qù shàng bān le.
饭菜 都 在 桌 上，我 去 上 班 了。

56.
Wǒ bú huì, wǒ tiào ge wǔ zěnmeyàng?
我 不 会，我 跳 个 舞 怎么样？

57.
Zhīdào le, zǎodiǎnr huílai.
知道 了，早点儿 回来。

58.
Xièxie nǐ sòng wǒ huí jiā, dào wǒ jiā hē bēi chá ba.
谢谢 你 送 我 回家，到 我 家 喝 杯 茶 吧。

59.
Nǐ bú rènshi wǒ le? Nǐ shēngrì de shíhou wǒ hái qùguo nǐ jiā ne.
你 不 认识 我 了？你 生日 的 时候 我 还 去过 你 家 呢。

60.
Liǎng diǎn èrshí de shíhou, yǒu ge nán de dǎ diànhuà wèn nǐ qù nǎr le.
两 点 二十 的 时候，有 个 男 的 打 电话 问 你 去 哪儿 了。

— 74 —

新汉语水平考试 HSK（二级）全真模拟题 1 听力材料

（音乐，30秒，渐弱）

Dàjiā hǎo! Huānyíng cānjiā   èrjí   kǎoshì.
大家 好！ 欢迎 参加 HSK（二级）考试。
Dàjiā hǎo! Huānyíng cānjiā   èrjí   kǎoshì.
大家 好！ 欢迎 参加 HSK（二级）考试。
Dàjiā hǎo! Huānyíng cānjiā   èrjí   kǎoshì.
大家 好！ 欢迎 参加 HSK（二级）考试。

        èrjí   tīnglì kǎoshì fēn sì bùfen, gòng   tí.
HSK（二级）听力 考试 分 四 部分， 共 35 题。
Qǐng dàjiā zhùyì, tīnglì kǎoshì xiànzài kāishǐ.
请 大家 注意，听力 考试 现在 开始。

Dì-yī bùfen
第一 部分

Yígòng   ge tí, měi tí tīng liǎng cì.
一共 10个题，每 题 听 两 次。

Lìrú： Wǒmen jiā yǒu sān ge rén.
例如： 我们 家 有 三 个 人。

        Wǒ měi tiān zuò gōnggòng qìchē qù shàng bān.
        我 每 天 坐 公共 汽车 去 上 班。

Xiànzài kāishǐ dì   tí：
现在 开始 第 1 题：

        Xià xuě le, zhēn piàoliang.
1. 下 雪 了， 真 漂亮。
        Xiànzài kāishǐ shàng kè.
2. 现在 开始 上 课。
        Kàn zhèr, xiào yi xiào.
3. 看 这儿， 笑 一 笑。

— 75 —

Tā zhèngzài chàng gē ne.

4. 她 正在 唱 歌 呢。

Yǐjīng shí diǎn le, tā hái méiyǒu qǐ chuáng.

5. 已经 十 点 了，他 还 没有 起 床。

Wàimiàn xiàzhe yǔ ne, bié chūqu le.

6. 外面 下着 雨 呢，别 出去 了。

Zhēn hǎochī, wǒ hái xiǎng chī yí ge.

7. 真 好吃，我 还 想 吃 一个。

Hē niúnǎi duì shēntǐ hǎo.

8. 喝 牛奶 对 身体 好。

Zhè shì wǒ de xīn diànnǎo.

9. 这 是 我 的 新 电脑。

Wǒ zhàngfu bǐ wǒ gāo hěn duō.

10. 我 丈夫 比 我 高 很 多。

Dì-èr bùfen
第二 部分

Yígòng   ge tí, měi tí tīng liǎng cì.
一共 10 个 题，每 题 听 两 次。

Lìrú:
例如：

Nǐ xǐhuan shénme yùndòng?
男：你 喜欢 什么 运动？

Wǒ zuì xǐhuan tī zúqiú.
女：我 最 喜欢 踢 足球。

Xiànzài kāishǐ dì   dào   tí:
现在 开始 第 11 到 15 题：

11.

Nǐ juéde zhè ge cài zěnmeyàng?
男：你 觉得 这 个 菜 怎么样？

Hěn hǎochī.
女：很 好吃。

— 76 —

12.

Xīguā zěnme mài?
女：西瓜 怎么 卖？
　　Yí kuài wǔ yì jīn.
男：一 块 五 一 斤。

13.

Nǐ měi tiān jǐ diǎn qù shàng bān?
男：你 每 天 几 点 去 上 班？
　　Wǒ měi tiān jiǔ diǎn qù shàng bān.
女：我 每 天 九 点 去 上 班。

14.

Nǐ kànguo tā xiě de shū ma?
男：你 看过 他 写 的 书 吗？
　　Méiyǒu. Hǎokàn ma?
女：没有。 好看 吗？

15.

Nǐ láiguo zhè jiā fàndiàn ma?
女：你 来过 这 家 饭店 吗？
　　Láiguo, zhèli zuò de cài fēicháng hǎochī.
男：来过，这里 做 的 菜 非常 好吃。

Xiànzài kāishǐ dì　　dào　　tí:
现在 开始 第 16 到 20 题：

16.

Yīshēng, zhèxiē yào shénme shíhou chī?
女：医生， 这些 药 什么 时候 吃？
　　Fàn hòu chī.
男：饭 后 吃。

77

17.

男：我 能 坐 这儿 吗？
Wǒ néng zuò zhèr ma?

女：对不起，这儿 已经 有 人 了。
Duìbuqǐ, zhèr yǐjīng yǒu rén le.

18.

男：你 昨天 怎么 没来？
Nǐ zuótiān zěnme méi lái?

女：我 女儿 生 病 了。
Wǒ nǚ'ér shēng bìng le.

19.

女：你 怎么 了？
Nǐ zěnme le?

男：我 想 睡 觉，昨晚 没 睡好。
Wǒ xiǎng shuì jiào, zuówǎn méi shuìhǎo.

20.

男：你 女儿 去 哪儿 了？
Nǐ nǚ'ér qù nǎr le?

女：她 和 同学 去 游 泳 了。
Tā hé tóngxué qù yóu yǒng le.

第三 部分
Dì-sān bùfen

一共 10 个 题，每 题 听 两 次。
Yígòng ge tí, měi tí tīng liǎng cì.

例如：
Lìrú:

男：小 王， 这里 有 几 个 杯子，哪个 是 你 的？
Xiǎo Wáng, zhèli yǒu jǐ ge bēizi, nǎ ge shì nǐ de?

女：左边 那个 红色 的 是 我 的。
Zuǒbian nà ge hóngsè de shì wǒ de.

— 78 —

Xiǎo Wáng de bēizi shì shénme yánsè de?
问：小 王 的 杯子 是 什么 颜色 的？

Xiànzài kāishǐ dì   tí：
现在 开始 第 21 题：

21.

Shì wǒ jiějie dǎlái de diànhuà ma?
女：是 我 姐姐 打来 的 电话 吗？

Shì yí ge nán de, wǒ bú rènshi tā, kěnéng dǎcuò le.
男：是 一 个 男 的，我 不 认识 他，可能 打错 了。

Shéi dǎlái de diànhuà?
问：谁 打来 的 电话？

22.

Lǐ Míng qù nǎr le? Tā hěn cháng shíjiān méi lái gōngsī le.
女：李 明 去 哪儿 了？他 很 长 时间 没 来 公司 了。

Tā qù Shànghǎi lǚyóu le. Xià xīngqī huílai.
男：他 去 上海 旅游 了。下 星期 回来。

Lǐ Míng xiànzài zài nǎr?
问：李 明 现在 在 哪儿？

23.

Tiān rè le, wǒ bù xiǎng zuò fàn le.
女：天 热 了，我 不 想 做 饭 了。

Wǒ qù wàimiàn mǎixiē dōngxi huílai chī.
男：我 去 外面 买些 东西 回来 吃。

Nán de shì shénme yìsi?
问：男 的 是 什么 意思？

24.

Wǒ xiǎng qǐng péngyou lái jiā li chī fàn, kěyǐ ma?
男：我 想 请 朋友 来 家里 吃 饭，可以 吗？

Kěyǐ a, nǐ qù mǎi cài, wǒ lái zuò fàn.
女：可以 啊，你 去 买 菜，我 来 做 饭。

— 79 —

Nǚ de xiǎng ràng nán de zuò shénme?

问:女 的 想 让 男 的 做 什么?

25.

Nǐ míngtiān bú shì yào kǎoshì ma? Hái wánr diànnǎo?

男:你 明天 不是 要 考试 吗? 还 玩儿 电脑?

Shéi shuō de? Zuótiān yǐjīng kǎoguo le.

女:谁 说 的? 昨天 已经 考过 了。

Nǚ de zài zuò shénme?

问:女 的 在 做 什么?

26.

Nǐ bāng wǒ kànkan, wǒ de diànnǎo zěnme le?

女:你 帮 我 看看, 我 的 电脑 怎么 了?

Méi shénme dà wèntí, zài kāi yíxià jiù hǎo le.

男:没 什么 大 问题, 再 开 一下 就 好 了。

Nán de shì shénme yìsi?

问:男 的 是 什么 意思?

27.

Nǐ shénme shíhou néng dào? Diànyǐng kuài kāishǐ le.

女:你 什么 时候 能 到? 电影 快 开始 了。

Zài lù shang ne. Wǔ fēnzhōng hòu jiù dào.

男:在 路 上 呢。 五 分钟 后 就 到。

Nán de xiànzài zài nǎr?

问:男 的 现在 在 哪儿?

28.

Xiǎomíng, jīnnián shēngrì nǐ xiǎng yào shénme?

女:小明, 今年 生日 你 想 要 什么?

Wǒ yǐjīng yǒu lánqiú le, hái xiǎng yào ge zúqiú.

男:我 已经 有 篮球 了,还 想 要 个 足球。

Xiǎomíng xiǎng yào shénme?

问:小明 想 要 什么?

— 80 —

29.

女：Kuài qǐ chuáng, yǐjīng liù diǎn wǔshí le.
快 起 床， 已经 六 点 五十 了。

男：Děng nǐ zǎofàn zuòhǎo le zài jiào wǒ ba, wǒ tài lèi le.
等 你 早饭 做好 了 再 叫 我 吧，我 太 累 了。

问：Nán de xiànzài zuì xiǎng zuò shénme?
男 的 现在 最 想 做 什么？

30.

女：Wǒmen zěnme qù huǒchēzhàn? Zuò chūzūchē ba.
我们 怎么 去 火车站？ 坐 出租车 吧。

男：Zhèr lí nàr bù yuǎn, zǒu lù shí fēnzhōng jiù dào le.
这儿 离 那儿 不 远， 走 路 十 分钟 就 到 了。

问：Nán de shì shénme yìsi?
男 的 是 什么 意思？

Dì-sì bùfen
第四 部分

Yígòng   ge tí, měi tí tīng liǎng cì.
一共 5 个 题，每 题 听 两 次。

Lìrú：
例如：

女：Qǐng zài zhèr xiě nín de míngzi.
请 在 这儿 写 您 的 名字。

男：Shì zhèr ma?
是 这儿 吗？

女：Bú shì, shì zhèr.
不 是，是 这儿。

男：Hǎo, xièxie.
好，谢谢。

问：Nán de yào xiě shénme?
男 的 要 写 什么？

— 81 —

Xiànzài kāishǐ dì   tí:
现在 开始 第 31 题:

31.

Nǐ dào jiā le ma?
女:你 到 家 了 吗?

Hái zài chē shang, shénme shì?
男:还 在 车 上, 什么 事?

Wǒ kěnéng yào wǎnxiē huí jiā, nǐ mǎixiē dōngxi huí jiā chī ba.
女:我 可能 要 晚些 回家,你 买些 东西 回家 吃 吧。

Hǎo de, zhīdào le.
男:好 的, 知道 了。

Nán de xiànzài zài nǎr?
问:男 的 现在 在 哪儿?

32.

Néng zài zhèr xiě yíxià nǐ de diànhuà ma?
女:能 在 这儿 写 一下 你 的 电话 吗?

Wǒ jiā li méi diànhuà, shǒujīhào kěyǐ ma?
男:我 家 里 没 电话, 手机号 可以 吗?

Kěyǐ, gōngsī diànhuà yě xiě yíxià ba.
女:可以, 公司 电话 也 写 一下 吧。

Hǎo de, méi wèntí.
男:好 的, 没 问题。

Nán de yào xiě shénme?
问:男 的 要 写 什么?

33.

Nǐ de zìxíngchē zhēn piàoliang.
女:你 的 自行车 真 漂亮。

Wǒ bú ài yùndòng, wǒ māma jiù mǎile zhè ge sònggěi wǒ.
男:我 不 爱 运动, 我 妈妈 就 买了 这 个 送给 我。

Wǒ yě xiǎng mǎi, zài nǎr mǎi de?
女:我 也 想 买, 在 哪儿 买 的?

Jiù zài wǒ jiā pángbiān de shāngdiàn li.
男:就 在 我 家 旁边 的 商店 里。

— 82 —

Shéi xiǎng mǎi zìxíngchē?

问：谁 想 买 自行车？

34.

Nǚ'ér zěnme hái méi huílai?

男：女儿 怎么 还 没 回来？

Tā dǎ diànhuà gěi wǒ shuō qù péngyou jiā le.

女：她 打 电话 给 我 说 去 朋友 家 了。

Nà tā zěnme huílai?

男：那 她 怎么 回来？

Tā shuō jīntiān péngyou shēngrì, tā jiù zhù zài nàr le.

女：她 说 今天 朋友 生日，她 就 住 在 那儿 了。

Nǚ de shì shénme yìsi?

问：女 的 是 什么 意思？

35.

Zuò huǒchē tài màn, wǒmen kāi chē qù Běijīng zěnmeyàng?

男：坐 火车 太 慢，我们 开 车 去 北京 怎么样？

Yào qī ge xiǎoshí ne, tài lèi le, wǒ bù xiǎng kāi.

女：要 七 个 小时 呢，太 累 了，我 不 想 开。

Nà zuò fēijī ba, tīngshuō xiànzài jīpiào hěn piányi.

男：那 坐 飞机 吧，听说 现在 机票 很 便宜。

Qián bú shì wèntí, wǒ xiǎng kuàixiē dào nàr.

女：钱 不 是 问题，我 想 快些 到 那儿。

Tāmen zuì kěnéng zěnme qù Běijīng?

问：他们 最 可能 怎么 去 北京？

Tīnglì kǎoshì xiànzài jiéshù.

听力 考试 现在 结束。

新汉语水平考试 HSK（二级）全真模拟题 2 听力材料

（音乐，30秒，渐弱）

Dàjiā hǎo! Huānyíng cānjiā　　　　èrjí　kǎoshì.
大家 好！ 欢迎　参加 HSK（二级）考试。
Dàjiā hǎo! Huānyíng cānjiā　　　　èrjí　kǎoshì.
大家 好！ 欢迎　参加 HSK（二级）考试。
Dàjiā hǎo! Huānyíng cānjiā　　　　èrjí　kǎoshì.
大家 好！ 欢迎　参加 HSK（二级）考试。

　　　　èrjí　tīnglì kǎoshì fēn sì bùfen, gòng　　tí.
HSK（二级）听力 考试 分 四 部分，共 35 题。
Qǐng dàjiā zhùyì,　tīnglì kǎoshì xiànzài kāishǐ.
请 大家 注意，听力 考试　现在　开始。

Dì-yī bùfen
第一 部分

Yígòng　　ge tí, měi tí tīng liǎng cì.
一共 10个 题，每 题 听　两 次。

Lìrú:　Wǒmen jiā yǒu sān ge rén.
例如：我们 家 有 三 个 人。

　　　Wǒ měi tiān zuò gōnggòng qìchē qù shàng bān.
　　　我 每 天 坐　公共　汽车 去 上 班。

Xiànzài kāishǐ dì　tí:
现在 开始 第 1 题：

　　　Tā zhèngzài kàn bàozhǐ ne.
1. 她 正在　看　报纸 呢。
　　　Wǒ měi tiān dōu qù dǎ lánqiú.
2. 我 每 天 都 去 打 篮球。
　　　Wǒ de zǎofàn shì yì bēi niúnǎi hé liǎng ge jīdàn.
3. 我 的 早饭 是 一 杯 牛奶 和 两 个 鸡蛋。

— 84 —

Míngtiān wǒ xiǎng hé péngyou yìqǐ qù tī zúqiú.
4. 明天 我 想 和 朋友 一起 去 踢 足球。

Jīntiān xiàwǔ wǒ yào qù yóu yǒng.
5. 今天 下午 我 要 去 游 泳。

Māma gěi wǒ mǎile yí ge shǒubiǎo.
6. 妈妈 给 我 买了 一 个 手表。

Tā xiǎng sòng zhàngfu yí ge xīn shǒujī.
7. 她 想 送 丈夫 一个 新 手机。

Tā zhèngzài xǐ yīfu ne.
8. 她 正在 洗 衣服 呢。

Wǒ shēng bìng le，yīshēng ràng wǒ duō xiūxi.
9. 我 生 病 了，医生 让 我 多 休息。

Fúwùyuán，wǒ yào yì bēi kāfēi.
10. 服务员，我 要 一 杯 咖啡。

Dì-èr bùfen
第二 部分

Yígòng   ge tí，měi tí tīng liǎng cì.
一共 10 个题，每 题 听 两 次。

Lìrú：
例如：

Nǐ xǐhuan shénme yùndòng?
男：你 喜欢 什么 运动？

Wǒ zuì xǐhuan tī zúqiú.
女：我 最 喜欢 踢 足球。

Xiànzài kāishǐ dì   dào   tí：
现在 开始 第 11 到 15 题：

11.

Nǐ měi tiān jǐ diǎn qù shàng bān?
男：你 每 天 几 点 去 上 班？

Wǒ měi tiān liù diǎn qù shàng bān.
女：我 每 天 六 点 去 上 班。

— 85 —

12.

男：你们 这里 有 什么 好吃 的 菜？
Nǐmen zhèli yǒu shénme hǎochī de cài?

女：我们 这里 的 羊肉 不错。
Wǒmen zhèli de yángròu búcuò.

13.

男：你 左边 那个 人 是 谁？
Nǐ zuǒbian nà ge rén shì shéi?

女：我 姐姐。
Wǒ jiějie.

14.

男：这些 杯子 是 在 哪儿 买 的？
Zhèxiē bēizi shì zài nǎr mǎi de?

女：我 家 旁边 的 商店 里。
Wǒ jiā pángbiān de shāngdiàn li.

15.

女：你 的 孩子 今年 多 大 了？
Nǐ de háizi jīnnián duō dà le?

男：两 岁 多 了。
Liǎng suì duō le.

现在 开始 第 16 到 20 题：
Xiànzài kāishǐ dì dào tí:

16.

男：外面 还 在 下 雨 吗？
Wàimiàn hái zài xià yǔ ma?

女：不 下 了。我们 走 吧。
Bú xià le. Wǒmen zǒu ba.

— 86 —

17.

Bié wánr diànnǎo le, xiūxi yíxià ba.

女：别 玩儿 电脑 了，休息 一下 吧。

Zài wánr shí fēnzhōng.

男：再 玩儿 十 分钟。

18.

Wǒ néng dào nǐmen gōngsī gōngzuò ma?

女：我 能 到 你们 公司 工作 吗？

Nǐ děng wǒmen de diànhuà ba.

男：你 等 我们 的 电话 吧。

19.

Xiǎo gǒu zěnme bù chī dōngxi?

男：小 狗 怎么 不 吃 东西？

Kěnéng shēng bìng le.

女：可能 生 病 了。

20.

Nín shì lǎoshī ma?

男：您 是 老师 吗？

Shì, wǒ shì Hànyǔ lǎoshī.

女：是，我 是 汉语 老师。

Dì-sān bùfen

第三 部分

Yígòng ge tí, měi tí tīng liǎng cì.

一共 10 个 题，每 题 听 两 次。

Lìrú：

例如：

Xiǎo Wáng, zhèli yǒu jǐ ge bēizi, nǎ ge shì nǐ de?

男：小 王，这里 有 几 个 杯子，哪个 是 你 的？

Zuǒbian nà ge hóngsè de shì wǒ de.

女：左边 那 个 红色 的 是 我 的。

— 87 —

Xiǎo Wáng de bēizi shì shénme yánsè de?
问：小 王 的杯子是 什么 颜色 的？

Xiànzài kāishǐ dì   tí:
现在 开始 第21题：

21.

　　Nín hǎo! Qǐngwèn shì Lǐ lǎoshī ma?
男：您 好！ 请问 是 李 老师 吗？
　　Bú shì, wǒ shì tā de qīzi. Tā xiànzài bú zài jiā.
女：不 是，我 是 他 的 妻子。他 现在 不 在 家。
　　Nán de yào zhǎo shéi?
问：男 的 要 找 谁？

22.

　　Nǐ měi tiān zěnme qù gōngsī? Kāi chē ma?
女：你 每 天 怎么 去 公司？ 开 车 吗？
　　Wǒ jiā lí gōngsī hěn jìn, zǒu shí fēnzhōng jiù dào le.
男：我 家 离 公司 很 近，走 十 分钟 就 到 了。
　　Nán de měi tiān zěnme qù gōngsī?
问：男 的 每 天 怎么 去 公司？

23.

　　Wǒ shǒujī méi diàn le, nǐ de néng gěi wǒ dǎ yíxià ma?
女：我 手机 没 电 了，你 的 能 给 我 打 一下 吗？
　　Hǎo de, méi wèntí.
男：好 的，没 问题。
　　Nǚ de shì shénme yìsi?
问：女 的 是 什么 意思？

24.

　　Nǐ érzi zhēn gāo a, jīnnián yǒu shí suì le ba?
男：你 儿子 真 高 啊，今年 有 十 岁 了 吧？
　　Méiyǒu, tā jīnnián bā suì.
女：没有，他 今年 八 岁。

— 88 —

Nǚ de de érzi duō dà le?

问：女 的 的 儿子 多 大 了？

25.

Zhè jiàn hēisè de zěnmeyàng?

女：这 件 黑色 的 怎么样？

Wǒ juéde bù hǎokàn, hóngsè de búcuò.

男：我 觉得 不 好看， 红色 的 不错。

Nán de xǐhuan shénme yánsè?

问：男 的 喜欢 什么 颜色？

26.

Tài wǎn le, wǒ kāi chē sòng nǐ huí jiā ba.

男：太 晚 了，我 开车 送 你 回家 吧。

Méi shìr, wǒ zuò chūzūchē huíqu.

女：没 事儿，我 坐 出租车 回去。

Nǚ de xiǎng zěnme huí jiā?

问：女 的 想 怎么 回家？

27.

Nǐ de yǎnjing zěnme hóng le?

男：你 的 眼睛 怎么 红 了？

Gōngsī de shìqing tài duō, wǒ zuótiān shuì de hěn wǎn.

女：公司 的 事情 太多，我 昨天 睡 得 很 晚。

Nǚ de zěnme le?

问：女 的 怎么 了？

28.

Qǐngwèn Lǐ xiānsheng zài jiā ma?

男：请问 李 先生 在家 吗？

Tā zài gōngsī, nǐ dǎ tā de shǒujī ba.

女：他 在 公司，你 打 他 的 手机 吧。

Lǐ xiānsheng zài nǎr?

问：李 先生 在 哪儿？

— 89 —

29.

Nǐ qù bu qù shāngdiàn?
女：你 去 不 去 商店？

Wǒ zuótiān qùguo le，dōngxi dōu mǎihǎo le.
男：我 昨天 去过 了，东西 都 买好 了。

Nán de shì shénme yìsi?
问：男 的 是 什么 意思？

30.

Yǐjīng shí diǎn èrshí le，Xiǎo Zhāng zěnme hái méi dào?
女：已经 十 点 二十 了，小 张 怎么 还 没 到？

Tā qīzi shuō tā sìshí fēnzhōng qián jiù chū mén le.
男：他 妻子 说 他 四十 分钟 前 就 出 门 了。

Xiǎo Zhāng shì shénme shíhou chūqu de?
问：小 张 是 什么 时候 出去 的？

Dì-sì bùfen
第四 部分

Yígòng ge tí，měi tí tīng liǎng cì.
一共 5 个 题，每 题 听 两 次。

Lìrú：
例如：

Qǐng zài zhèr xiě nín de míngzi.
女：请 在 这儿 写 您 的 名字。

Shì zhèr ma?
男：是 这儿 吗？

Bú shì，shì zhèr.
女：不 是，是 这儿。

Hǎo，xièxie.
男：好，谢谢。

Nán de yào xiě shénme?
问：男 的 要 写 什么？

— 90 —

Xiànzài kāishǐ dì   tí：
现在 开始 第 31 题：

31.

Wèi, dǎ diànhuà gěi wǒ yǒu shénme shì?
男：喂，打 电话 给 我 有 什么 事？

Tiān yǒuxiē yīn, kěnéng huì xià yǔ, yīfu hái zài wàimiàn ne.
女：天 有些 阴，可能 会 下 雨，衣服 还 在 外面 呢。

Wǒ xiànzài hěn máng, bù néng huíqu.
男：我 现在 很 忙，不 能 回去。

Hǎo ba, wǒ ràng wǒ mā huíqu.
女：好 吧，我 让 我 妈 回去。

Nǚ de ràng nán de zuò shénme?
问：女 的 让 男 的 做 什么？

32.

Xiànzài jǐ diǎn le?
男：现在 几 点 了？

Shíyī diǎn èrshíwǔ fēn.
女：十一 点 二十五 分。

Nǐ de biǎo zěnme bǐ wǒ de kuài yí ge xiǎoshí?
男：你 的 表 怎么 比 我 的 快 一个 小时？

Bù kěnéng ba, wǒ kànkan. Nǐ de biǎo bù zǒu le.
女：不 可能 吧，我 看看。你 的 表 不 走 了。

Nán de de shǒubiǎo xiànzài jǐ diǎn?
问：男 的 的 手表 现在 几 点？

33.

Jīntiān qù Shànghǎi de huǒchēpiào yǐjīng màiwán le.
女：今天 去 上海 的 火车票 已经 卖完 了。

Nà míngtiān shàngwǔ de hái yǒu ma?
男：那 明天   上午 的 还 有 吗？

Méiyǒu le, yǒu xiàwǔ sān diǎn de, nín yào ma?
女：没有 了，有 下午 三 点 的，您 要 吗？

Hǎo ba, wǒ yào liǎng zhāng.
男：好 吧，我 要 两 张。

— 91 —

Nán de shénme shíhou qù Shànghǎi?

问：男 的 什么 时候 去 上海？

34.

Gōngzuò zhǎodào le ma?

男：工作 找到 了 吗？

Hái méi ne.

女：还 没 呢。

Yǒu ge gōngsī bú shì yào nǐ le ma? Nǐ zěnme bú qù?

男：有 个 公司 不 是 要 你 了 吗？ 你 怎么 不 去？

Cóng nàr dào wǒ jiā zuò gōnggòng qìchē yào liǎng ge xiǎoshí ne.

女：从 那儿 到 我 家 坐 公共 汽车 要 两 个 小时 呢。

Nǚ de wèi shénme bù xiǎng qù nà ge gōngsī?

问：女 的 为 什么 不 想 去 那 个 公司？

35.

Nǐ kànjiàn wǒ de shǒujī le ma?

男：你 看见 我 的 手机 了 吗？

Zhuōzi shang yǒu méiyǒu?

女：桌子 上 有 没有？

Wǒ zhǎoguo le, méiyǒu.

男：我 找过 了， 没有。

Wǒ bāng nǐ zhǎozhao. Nǐ kàn, zài chuáng shang ne.

女：我 帮 你 找找。 你 看， 在 床 上 呢。

Shǒujī zài nǎr?

问：手机 在 哪儿？

Tīnglì kǎoshì xiànzài jiéshù.

听力 考试 现在 结束。

— 92 —

新汉语水平考试 HSK（二级）全真模拟题 3 听力材料

（音乐，30秒，渐弱）

Dàjiā hǎo! Huānyíng cānjiā　　　èrjí　kǎoshì.
大家 好！ 欢迎　参加 HSK（二级）考试。
Dàjiā hǎo! Huānyíng cānjiā　　　èrjí　kǎoshì.
大家 好！ 欢迎　参加 HSK（二级）考试。
Dàjiā hǎo! Huānyíng cānjiā　　　èrjí　kǎoshì.
大家 好！ 欢迎　参加 HSK（二级）考试。

　　　　　èrjí　tīnglì kǎoshì fēn sì bùfen, gòng　　　tí.
HSK（二级）听力 考试 分 四 部分， 共 35 题。
Qǐng dàjiā zhùyì, tīnglì kǎoshì xiànzài kāishǐ.
请 大家 注意，听力 考试　现在　开始。

Dì-yī bùfen
第一 部分

Yígòng　　ge tí, měi tí tīng liǎng cì.
一共 10个 题，每 题 听　两　次。

Lìrú: Wǒmen jiā yǒu sān ge rén.
例如： 我们 家 有 三 个 人。

　　　Wǒ měi tiān zuò gōnggòng qìchē qù shàng bān.
　　　我 每 天 坐　公共　汽车 去　上　班。

Xiànzài kāishǐ dì　　tí:
现在　开始 第　1题：

　　　Wǒ zuì xǐhuan hē kāfēi.
1. 我 最 喜欢　喝 咖啡。
　　　Tài rè le, wǒmen qù yóu yǒng ba.
2. 太 热 了，我们　去 游 泳 吧。
　　　Tā de shǒujī shì hēisè de.
3. 他 的 手机 是 黑色 的。

— 93 —

Tài lèi le, wǒ xiǎng xiūxi xiūxi.
4. 太 累 了，我 想 休息 休息。

Zhè shì wǒmen de jiàoshì.
5. 这 是 我们 的 教室。

Jiějie zuì xǐhuan wánr diànnǎo.
6. 姐姐 最 喜欢 玩儿 电脑。

Tāmen zuò fēijī qù Shànghǎi lǚyóu.
7. 他们 坐 飞机 去 上海 旅游。

Tā de yīfu fēicháng piàoliang.
8. 她 的 衣服 非常 漂亮。

Wǒ zuì xǐhuan chī píngguǒ.
9. 我 最 喜欢 吃 苹果。

Tā měi tiān dōu hěn kuàilè.
10. 她 每 天 都 很 快乐。

Dì-èr bùfen
第二 部分

Yígòng   ge tí, měi tí tīng liǎng cì.
一共 10 个 题，每 题 听 两 次。

Lìrú：
例如：

Nǐ xǐhuan shénme yùndòng?
男：你 喜欢 什么 运动？

Wǒ zuì xǐhuan tī zúqiú.
女：我 最 喜欢 踢 足球。

Xiànzài kāishǐ dì   dào   tí:
现在 开始 第 11 到 15 题：

11.

Wáng Xuě wèi shénme méi lái?
男：王 雪 为 什么 没 来？

Tā xiàwǔ yào kǎoshì.
女：她 下午 要 考试。

— 94 —

12.

Nǐ tīngguo tā de gē ma?
女：你 听过 他 的 歌 吗？

Tīngguo, hěn hǎotīng.
男：听过， 很 好听。

13.

Nǐ hē kāfēi ma?
男：你 喝 咖啡 吗？

Hǎo de, xièxie!
女：好 的，谢谢！

14.

Nǐ ài chī shénme shuǐguǒ?
男：你 爱 吃 什么 水果？

Wǒ ài chī píngguǒ.
女：我 爱 吃 苹果。

15.

Qǐngwèn duō cháng shíjiān néng dào?
女：请问 多 长 时间 能 到？

Kěnéng yào sìshí fēnzhōng.
男：可能 要 四十 分钟。

Xiànzài kāishǐ dì dào tí:
现在 开始 第 16 到 20 题：

16.

Néng qǐng nǐ tiào ge wǔ ma?
男：能 请 你 跳 个 舞 吗？

Méi wèntí.
女：没 问题。

— 95 —

17.

Zhǎo wǒ yǒu shénme shì?
男：找 我 有 什么 事？
Huílai de shíhou mǎixiē jīdàn ba.
女：回来 的 时候 买些 鸡蛋 吧。

18.

Nǐ de shǒubiǎo zhēn piàoliang.
男：你的 手表 真 漂亮。
Shì ma? Zhè shì wǒ zhàngfu sònggěi wǒ de.
女：是 吗？ 这 是 我 丈夫 送给 我 的。

19.

Nǐ hé nǐ mèimei shéi gāo?
女：你 和 你 妹妹 谁 高？
Wǒ mèimei bǐ wǒ gāo.
男：我 妹妹 比 我 高。

20.

Nǐ hěn lèi ma?
女：你 很 累 吗？
Shì a, gōngsī de shìqing tài duō le.
男：是 啊，公司 的 事情 太 多 了。

Dì-sān bùfen
第三 部分

Yígòng ge tí, měi tí tīng liǎng cì.
一共 10 个 题，每 题 听 两 次。

Lìrú：
例如：

Xiǎo Wáng, zhèli yǒu jǐ ge bēizi, nǎ ge shì nǐ de?
男：小 王，这里 有 几 个 杯子，哪个 是 你 的？
Zuǒbian nà ge hóngsè de shì wǒ de.
女：左边 那个 红色 的 是 我 的。

Xiǎo Wáng de bēizi shì shénme yánsè de?
问：小　王　的杯子是　什么　颜色的？

Xiànzài kāishǐ dì　　tí：
现在　开始　第 21 题：

21.

Hái zài xuéxí a? Bù huí jiā ma?
男：还 在 学习 啊？不 回 家 吗？

Míngtiān yǒu kǎoshì, wǒ yào hǎohāor zhǔnbèi yíxià.
女：明天　有 考试，我 要 好好儿　准备　一下。

Nǚ de xiànzài zài zuò shénme?
问：女 的 现在 在 做 什么？

22.

Nǐ zěnme hái zài kàn qiú? Míngtiān bú shàng bān ma?
女：你 怎么 还 在 看 球？ 明天　不 上　班 吗？

Zài kàn shí fēnzhōng jiù shuì jiào.
男：再 看 十 分钟　就 睡 觉。

Nán de zài zuò shénme?
问：男 的 在 做　什么？

23.

Wǒmen míngtiān yìqǐ qù pǎo bù zěnmeyàng?
男：我们　明天　一起 去 跑 步　怎么样？

Wǒ bù xǐhuan chūqu, wǒ xǐhuan zài jiā kàn diànshì.
女：我 不 喜欢　出去，我 喜欢 在 家 看　电视。

Nǚ de shì shénme yìsi?
问：女 的 是 什么　意思？

24.

Nǐ zhàngfu jīnnián duō dà le?
男：你 丈夫　今年　多 大 了？

Sānshíwǔ, bǐ wǒ dà liǎng suì.
女：三十五，比 我 大　两　岁。

— 97 —

Nǚ de jīnnián duō dà le?
问：女 的 今年 多 大 了？

25.

Míngtiān shí diǎn wǒ qù nǐ jiā zhǎo nǐ kěyǐ ma?
女：明天 十 点 我 去 你家 找 你 可以 吗？

Shàngwǔ wǒ bú zài jiā, xiàwǔ liǎng diǎn ba.
男：上午 我 不 在 家，下午 两 点 吧。

Nán de ràng nǚ de jǐ diǎn qù zhǎo tā?
问：男 的 让 女 的 几 点 去 找 他？

26.

Zuótiān nà ge fángzi zěnmeyàng? Xǐhuan ma?
男：昨天 那 个 房子 怎么样？ 喜欢 吗？

Fángjiān hěn dà, yě hěn piàoliang, dànshì lí gōngsī tài yuǎn le.
女：房间 很 大，也 很 漂亮， 但是 离 公司 太 远 了。

Nǚ de juéde nà ge fángzi zěnmeyàng?
问：女 的 觉得 那 个 房子 怎么样？

27.

Wǒ shì yīshēng, nǐ shì lǎoshī ma?
女：我 是 医生， 你 是 老师 吗？

Bú shì, wǒ shì Běijīng Dàxué de xuésheng.
男：不 是，我 是 北京 大学 的 学生。

Nán de shì zuò shénme de?
问：男 的 是 做 什么 的？

28.

Tīngshuō nǐ yào huí guó? Jīpiào mǎile ma?
女：听说 你 要 回 国？ 机票 买 了 吗？

Hái méi ne, wǒ xiǎng xīngqītiān zǒu, xiàwǔ jiù qù mǎi jīpiào.
男：还 没 呢，我 想 星期天 走，下午 就 去 买 机票。

Nán de xiǎng shénme shíhou huí guó?
问：男 的 想 什么 时候 回 国？

— 98 —

29.

男：李雪 怎么 了？ 生 病 了吗？
Lǐ Xuě zěnme le? Shēng bìng le ma?

女：不 是，她 考 得 不 太 好。
Bú shì, tā kǎo de bú tài hǎo.

问：李 雪 怎么 了？
Lǐ Xuě zěnme le?

30.

女：你 这 几 天 在 忙 什么 呢？
Nǐ zhè jǐ tiān zài máng shénme ne?

男：我 在 找 房子， 现在 的 离 公司 太 远 了。
Wǒ zài zhǎo fángzi, xiànzài de lí gōngsī tài yuǎn le.

问：男 的 这 几 天 在 做 什么？
Nán de zhè jǐ tiān zài zuò shénme?

第四 部分
Dì-sì bùfen

一共 5 个 题，每 题 听 两 次。
Yígòng ge tí, měi tí tīng liǎng cì.

例如：
Lìrú:

女：请 在 这儿 写 您 的 名字。
Qǐng zài zhèr xiě nín de míngzi.

男：是 这儿 吗？
Shì zhèr ma?

女：不 是，是 这儿。
Bú shì, shì zhèr.

男：好，谢谢。
Hǎo, xièxie.

问：男 的 要 写 什么？
Nán de yào xiě shénme?

Xiànzài kāishǐ dì   tí:
现在　开始　第 31 题：

31.

Xīguā zěnme mài?
女：西瓜　怎么　卖？

Yí kuài qián yì jīn. Mǎi yí ge kěyǐ piányi yìxiē.
男：一　块　钱一斤。买　一　个 可以　便宜　一些。

Yí ge tài duō le, chī bu wán. Wǒ yào zhè kuài ba.
女：一个太多了，吃不完。我　要　这　块　吧。

Hǎo de, sān kuài qián.
男：好　的，三　块　钱。

Nǚ de mǎile duōshao xīguā?
问：女的买了　多少　西瓜？

32.

Qǐngwèn Zhāng lǎoshī zài jiā ma?
男：请问　张　老师 在 家 吗？

Bú zài, tā chūqu le.
女：不 在，他 出去 了。

Wǒ shì Wáng Xiǎomíng de bàba. Qǐngwèn, tā shénme shíhou huílai?
男：我 是 王　小明　的 爸爸。请问，他 什么　时候　回来？

Kěnéng liù diǎnzhōng huílai, dào shíhou nǐ zài dǎ ba.
女：可能 六　点钟　回来，到　时候 你 再 打 吧。

Nán de shì Wáng Xiǎomíng de shénme rén?
问：男 的 是 王　小明　的 什么　人？

33.

Nǐ rènshi nà ge nǚháir ma?
男：你 认识 那 个 女孩儿 吗？

Rén tài duō le, nǐ shuō de shì nǎ ge?
女：人 太 多 了，你 说 的 是 哪个？

Jiù shì hěn gāo, wǔ tiào de hěn hǎo de nà ge.
男：就 是 很　高，舞 跳 得 很　好 的 那 个。

Rènshi. Wǒ gěi nǐ jièshào yíxià ba.
女：认识。我 给 你 介绍　一下 吧。

— 100 —

Nán de juéde nà ge nǚháir zěnmeyàng?
问：男 的 觉得 那 个 女孩儿 怎么样？

34.

Nǐ zuì xǐhuan chī shénme cài?
男：你 最 喜欢 吃 什么 菜？

Wǒ zuì xǐhuan chī wǒ māma zuò de yú, dànshì wǒ bú huì zuò.
女：我 最 喜欢 吃 我 妈妈 做 的 鱼，但是 我 不 会 做。

Wǒ yě bú huì, wǒ qǐng nǐ qù fàndiàn chī ba.
男：我 也 不 会，我 请 你 去 饭店 吃 吧。

Hǎo a, xièxie nǐ.
女：好 啊，谢谢 你。

Shéi huì zuò yú?
问：谁 会 做 鱼？

35.

Wǒmen yǐjīng yǒu jǐ nián méi jiàn le?
男：我们 已经 有 几 年 没见 了？

Ràng wǒ xiǎngxiang, yǒu shí nián le ba.
女：让 我 想想，有 十 年 了 吧。

Nǐ xiànzài hái zài nà jiā gōngsī gōngzuò ma?
男：你 现在 还 在 那家 公司 工作 吗？

Shì a, wǒ yǐjīng zài nàr gōngzuò liù nián le.
女：是 啊，我 已经 在 那儿 工作 六 年 了。

Nǚ de zài nà jiā gōngsī gōngzuò jǐ nián le?
问：女 的 在 那家 公司 工作 几 年 了？

Tīnglì kǎoshì xiànzài jiéshù.
听力 考试 现在 结束。

— 101 —

新汉语水平考试 HSK（二级）全真模拟题 4 听力材料

（音乐，30秒，渐弱）

Dàjiā hǎo! Huānyíng cānjiā　　　èrjí　kǎoshì.
大家 好！ 欢迎　参加 HSK（二级）考试。
Dàjiā hǎo! Huānyíng cānjiā　　　èrjí　kǎoshì.
大家 好！ 欢迎　参加 HSK（二级）考试。
Dàjiā hǎo! Huānyíng cānjiā　　　èrjí　kǎoshì.
大家 好！ 欢迎　参加 HSK（二级）考试。

　　　　　èrjí　tīnglì kǎoshì fēn sì bùfen, gòng　　tí.
HSK（二级）听力 考试 分 四 部分，共 35题。
Qǐng dàjiā zhùyì, tīnglì kǎoshì xiànzài kāishǐ.
请 大家 注意，听力 考试　现在　开始。

Dì-yī　bùfen
第一 部分

Yígòng　　ge tí, měi tí tīng liǎng cì.
一共 10个 题，每 题·听　两　次。

Lìrú：Wǒmen jiā yǒu sān ge rén.
例如：我们 家 有 三 个 人。

　　　Wǒ měi tiān zuò gōnggòng qìchē qù shàng bān.
　　　我 每 天 坐　公共　汽车 去　上　班。

Xiànzài kāishǐ dì　　　tí：
现在 开始 第 1 题：

　　Jīntiān shì ge qíngtiān.
1. 今天 是 个　晴天。

　　Jiàoshì li yǒu hěn duō rén.
2. 教室 里 有 很 多 人。

　　Wǒ de nǚ'ér hěn ài xiào.
3. 我 的 女儿 很 爱 笑。

— 102 —

Zhè shì qiántiān xuéguo de, shéi huì dú?
4. 这是 前天 学过 的，谁 会 读？

Māma, tā xiào le.
5. 妈妈，他 笑 了。

Tā zhèngzài zhǔnbèi míngtiān de kǎoshì.
6. 她 正在 准备 明天 的 考试。

Zhè jiàn yīfu tài dà le, bù néng chuān le.
7. 这件 衣服 太 大 了，不 能 穿 了。

Māo ài chī yú.
8. 猫 爱 吃 鱼。

Xiānsheng, zhè shì nín yào de kāfēi.
9. 先生， 这 是 您 要 的 咖啡。

Zǎoshang bàba kāi chē sòng wǒ qù xuéxiào.
10. 早上 爸爸 开 车 送 我 去 学校。

Dì-èr bùfen
第二 部分

Yígòng   ge tí, měi tí tīng liǎng cì.
一共 10 个 题，每 题 听 两 次。

Lìrú:
例如：

Nǐ xǐhuan shénme yùndòng?
男：你 喜欢 什么 运动？

Wǒ zuì xǐhuan tī zúqiú.
女：我 最 喜欢 踢 足球。

Xiànzài kāishǐ dì   dào   tí:
现在 开始 第 11 到 15 题：

11.

Nǐ xué tiào wǔ jǐ nián le?
男：你 学 跳 舞 几 年 了？

Yǐjīng wǔ nián duō le.
女：已经 五 年 多 了。

103

12.

Nǚ'ér, nǐ zài zuò shénme a?
男：女儿，你 在 做 什么 啊？

Wǒ zài bāng māma zuò fàn.
女：我 在 帮 妈妈 做饭。

13.

Nǐ xiǎng qù nǎr gōngzuò?
男：你 想 去 哪儿 工作？

Wǒ xiǎng qù dà gōngsī gōngzuò.
女：我 想 去 大 公司 工作。

14.

Nǐ zuótiān wèi shénme méi lái shàng bān?
男：你 昨天 为 什么 没 来 上 班？

Wǒ shēng bìng le.
女：我 生 病 了。

15.

Nǐ juéde nǎ jiàn yīfu hǎokàn?
女：你 觉得 哪 件 衣服 好看？

Wǒ juéde zuǒbian nà jiàn búcuò.
男：我 觉得 左边 那 件 不错。

Xiànzài kāishǐ dì dào tí:
现在 开始 第 16 到 20 题：

16.

Jīntiān shēntǐ hǎoxiē le ma?
男：今天 身体 好些 了 吗？

Hǎoduō le, xièxie nǐ lái kàn wǒ.
女：好多 了，谢谢 你 来 看 我。

17.

Bié sòng le, huíqu ba.
女：别 送 了，回去 吧。

— 104 —

Hǎo de, dào jiā gěi wǒ dǎ diànhuà.
男： 好 的，到 家 给 我 打 电话。

18.

Lǎoshī, nǐ kàn wǒ xiě de zěnmeyàng?
男： 老师，你 看 我 写 得 怎么样？

Xiě de fēicháng hǎo.
女： 写 得 非常 好。

19.

Zhè shì shénme dōngxi?
男： 这 是 什么 东西？

Sònggěi nǐ de, shēngrì kuàilè!
女： 送给 你 的，生日 快乐！

20.

Wǒmen yìqǐ qù lǚyóu zěnmeyàng?
男： 我们 一起 去 旅游 怎么样？

Tài hǎo le! Wǒ xiǎng qù Shànghǎi.
女： 太 好 了！我 想 去 上海。

Dì-sān bùfen
第三 部分

Yígòng ge tí, měi tí tīng liǎng cì.
一共 10 个 题，每 题 听 两 次。

Lìrú：
例如：

Xiǎo Wáng, zhèli yǒu jǐ ge bēizi, nǎ ge shì nǐ de?
男： 小 王，这里 有 几 个 杯子，哪个 是 你 的？

Zuǒbian nà ge hóngsè de shì wǒ de.
女： 左边 那个 红色 的 是 我 的。

Xiǎo Wáng de bēizi shì shénme yánsè de?
问： 小 王 的 杯子 是 什么 颜色 的？

— 105 —

Xiànzài kāishǐ dì   tí：
现在 开始 第 21 题：

21.

Zhè ge zì zěnme dú? Nǐ huì ma?
女：这 个 字 怎么 读？你 会 吗？

Suīrán shàng xīngqī xuéguo le, dànshì wǒ yě bú huì dú.
男：虽然 上 星期 学过 了，但是 我 也 不 会 读。

Nán de shì shénme yìsi?
问：男 的 是 什么 意思？

22.

Wèi, wǒ yǐjīng dào jiā le, nǐ hái zài gōngsī ma?
女：喂，我 已经 到 家 了，你 还 在 公司 吗？

Wǒ xiànzài zài wàimiàn chī fàn, bié děng wǒ le.
男：我 现在 在 外面 吃饭，别 等 我 了。

Nán de xiànzài zài nǎr?
问：男 的 现在 在 哪儿？

23.

Nǐ bú shì yǒu hěn duō yīfu ma? Hái yào mǎi a?
男：你 不 是 有 很 多 衣服 吗？还 要 买 啊？

Qùnián de yīfu dōu xiǎo le, bù néng chuān le.
女：去年 的 衣服 都 小 了，不 能 穿 了。

Nǚ de wèi shénme bù xiǎng chuān qùnián de yīfu?
问：女 的 为 什么 不 想 穿 去年 的 衣服？

24.

Nǐ tīngguo zhè ge gē ma? Zhēn hǎotīng.
男：你 听过 这个 歌 吗？真 好听。

Wǒ yě xǐhuan, wǒ hái huì chàng ne.
女：我 也 喜欢，我 还 会 唱 呢。

Nǚ de shì shénme yìsi?
问：女 的 是 什么 意思？

— 106 —

25.

女： Jīnwǎn bié qù kàn diànyǐng le, míngtiān hái yǒu kǎoshì ne.
今晚 别 去 看 电影 了， 明天 还 有 考试 呢。

男： Méi guānxi, wǒ yǐjīng zhǔnbèi hǎo le.
没 关系，我 已经 准备 好 了。

问： Nán de jīnwǎn xiǎng zuò shénme?
男 的 今晚 想 做 什么？

26.

男： Wǒmen míngtiān qù yīyuàn kànkan Xiǎo Zhāng ba.
我们 明天 去 医院 看看 小 张 吧。

女： Tā zuótiān jiù chū yuàn le, wǒmen qù tā jiā ba.
他 昨天 就 出 院 了，我们 去 他 家 吧。

问： Xiǎo Zhāng xiànzài zài nǎr?
小 张 现在 在 哪儿？

27.

男： Wǒ chuáng shang de yīfu nǎr qù le?
我 床 上 的 衣服 哪儿 去 了？

女： Zài xǐyījī li, zhèng xǐzhe ne.
在 洗衣机 里， 正 洗着 呢。

问： Yīfu zài nǎr?
衣服 在 哪儿？

28.

男： Lǐ xiǎojiě pángbiān nà ge rén shì tā zhàngfu ma?
李 小姐 旁边 那个 人 是 她 丈夫 吗？

女： Bú shì, shì tā gēge.
不 是，是 她 哥哥。

问： Lǐ xiǎojiě pángbiān nà ge rén shì shéi?
李 小姐 旁边 那个 人 是 谁？

29.

女： Wǒ lái jièshào yíxià, zhè shì wǒ de péngyou Xiǎomíng.
我 来 介绍 一下，这 是 我 的 朋友 小明。

男： Wǒmen hěn zǎo jiù rènshi le, wǒmen shì tóngxué.
我们 很 早 就 认识 了，我们 是 同学。

Nán de shì shénme shíhou rènshi Xiǎomíng de?
问：男 的 是 什么 时候 认识 小明 的？

30.

Fàn zuòhǎo le ma? Wǒ hái yào qù shàng bān ne.
男：饭 做好 了 吗？我 还 要 去 上 班 呢。

Hái méi ne. Nǐ lái bāngbang wǒ.
女：还 没 呢。你 来 帮帮 我。

Nǚ de shì shénme yìsi?
问：女 的 是 什么 意思？

Dì-sì bùfen
第四 部分

Yígòng   gè tí, měi tí tīng liǎng cì.
一共 5 个 题，每 题 听 两 次。

Lìrú：
例如：

Qǐng zài zhèr xiě nín de míngzi.
女：请 在 这儿 写 您 的 名字。

Shì zhèr ma?
男：是 这儿 吗？

Bú shì, shì zhèr.
女：不 是，是 这儿。

Hǎo, xièxie.
男：好，谢谢。

Nán de yào xiě shénme?
问：男 的 要 写 什么？

Xiànzài kāishǐ dì   tí:
现在 开始 第 31 题：

31.

Nín hǎo, qǐngwèn nín qù nǎr?
男：您 好， 请问 您 去 哪儿？

Huǒchēzhàn, duō cháng shíjiān néng dào?
女：火车站， 多 长 时间 能 到？

— 108 —

男： 我 也 不 知道， 这 个 时候 路 上 车 很 多。
Wǒ yě bù zhīdào, zhè ge shíhou lù shang chē hěn duō.

女： 从 北京 医院 那边 走 可能 要 快 一些。
Cóng Běijīng Yīyuàn nàbian zǒu kěnéng yào kuài yìxiē.

问： 他们 最 可能 在 哪儿？
Tāmen zuì kěnéng zài nǎr?

32.

男： 小 李 去 哪儿 了？ 有 人 找 他。
Xiǎo Lǐ qù nǎr le? Yǒu rén zhǎo tā.

女： 他 已经 两 天 没 来 上 班 了。
Tā yǐjīng liǎng tiān méi lái shàng bān le.

男： 他 怎么 了？ 生 病 了？
Tā zěnme le? Shēng bìng le?

女： 不 是，他 家 里 有 事。
Bú shì, tā jiā li yǒu shì.

问： 小 李 为 什么 没 来？
Xiǎo Lǐ wèi shénme méi lái?

33.

女： 你 说 的 那个 商店 在 哪儿？ 我 没 找到。
Nǐ shuō de nà ge shāngdiàn zài nǎr? Wǒ méi zhǎodào.

男： 很 好 找 啊，就 在 咖啡馆儿 旁边。
Hěn hǎo zhǎo a, jiù zài kāfēiguǎnr pángbiān.

女： 我 问了 很 多 人，他们 都 不 知道。
Wǒ wènle hěn duō rén, tāmen dōu bù zhīdào.

男： 不 可能 吧？我 明天 和 你 一起 去。
Bù kěnéng ba? Wǒ míngtiān hé nǐ yìqǐ qù.

问： 女 的 是 什么 意思？
Nǚ de shì shénme yìsi?

34.

女： 张 先生， 机票 没 买到， 坐 火车 去 可以 吗？
Zhāng xiānsheng, jīpiào méi mǎidào, zuò huǒchē qù kěyǐ ma?

男： 没 问题，你 帮 我 买 一 张 火车票 吧。
Méi wèntí, nǐ bāng wǒ mǎi yì zhāng huǒchēpiào ba.

女： 好 的，买 什么 时间 的？
Hǎo de, mǎi shénme shíjiān de?

Míngtiān wǎnshang qī diǎn de.

男： 明天 晚上 七 点 的。

Zhāng xiānsheng wèi shénme méi zuò fēijī?

问： 张 先生 为 什么 没 坐 飞机?

35.

Zhè shǒujī zhēn piàoliang, nǐ mǎi de?

女： 这 手机 真 漂亮， 你 买 的?

Wǒ jiějie sònggěi wǒ de, wǒ bù zěnme xǐhuan.

男： 我 姐姐 送给 我 的，我 不 怎么 喜欢。

Wèi shénme? Wǒ juéde hěn búcuò a.

女： 为 什么? 我 觉得 很 不错 啊。

Wǒ bù xǐhuan hóngsè de.

男： 我 不 喜欢 红色 的。

Nán de wèi shénme bù xǐhuan zhè ge shǒujī?

问： 男 的 为 什么 不 喜欢 这 个 手机?

Tīnglì kǎoshì xiànzài jiéshù.

听力 考试 现在 结束。

新汉语水平考试 HSK（二级）全真模拟题 5 听力材料

（音乐，30 秒，渐弱）

Dàjiā hǎo! Huānyíng cānjiā　　　èrjí　kǎoshì.
大家 好！ 欢迎　参加 HSK（二级）考试。
Dàjiā hǎo! Huānyíng cānjiā　　　èrjí　kǎoshì.
大家 好！ 欢迎　参加 HSK（二级）考试。
Dàjiā hǎo! Huānyíng cānjiā　　　èrjí　kǎoshì.
大家 好！ 欢迎　参加 HSK（二级）考试。

　　　　èrjí　tīnglì kǎoshì fēn sì bùfen, gòng　　tí.
HSK（二级）听力 考试 分 四 部分，共 35 题。
Qǐng dàjiā zhùyì,　tīnglì kǎoshì xiànzài kāishǐ.
请 大家 注意，听力 考试 现在 开始。

Dì-yī bùfen
第一 部分

Yígòng　　ge tí, měi tí tīng liǎng cì.
一共 10 个题，每 题 听 两 次。

Lìrú: Wǒmen jiā yǒu sān ge rén.
例如：我们 家 有 三 个 人。

　　Wǒ měi tiān zuò gōnggòng qìchē qù shàng bān.
　　我 每 天 坐 公共 汽车 去 上 班。

Xiànzài kāishǐ dì　　tí:
现在 开始 第 1 题：

　　Dìdi　hěn xǐhuan xiǎo gǒu.
1. 弟弟 很 喜欢 小 狗。
　　Wǒ yě huì xǐ　yīfu le.
2. 我 也 会 洗 衣服 了。
　　Jīntiān tiānqì fēicháng rè.
3. 今天 天气 非常 热。

— 111 —

Péngyou shēng bìng le, wǒ qù yīyuàn kàn tā.

4. 朋友 生 病 了，我 去 医院 看 他。

Lǎoshī, zhè ge wèntí wǒ lái huídá.

5. 老师，这 个 问题 我 来 回答。

Māma, nà shì shénme?

6. 妈妈，那 是 什么？

Zhè jiàn yīfu hěn piàoliang.

7. 这 件 衣服 很 漂亮。

Tài lèi le, wǒ xiǎng shuì jiào.

8. 太 累 了，我 想 睡 觉。

Chàng de zhēn hǎo, zài lái yí ge.

9. 唱 得 真 好，再 来 一 个。

Huǒchēzhàn yǒu hěn duō rén.

10. 火车站 有 很 多 人。

Dì-èr bùfen
第二 部分

Yígòng ge tí, měi tí tīng liǎng cì.

一共 10 个 题，每 题 听 两 次。

Lìrú:

例如：

Nǐ xǐhuan shénme yùndòng?

男：你 喜欢 什么 运动？

Wǒ zuì xǐhuan tī zúqiú.

女：我 最 喜欢 踢 足球。

Xiànzài kāishǐ dì dào tí:

现在 开始 第 11 到 15 题：

11.

Nǐ érzi zhǎodào gōngzuò le ma?

男：你 儿子 找到 工作 了 吗？

Zhǎodào le, tā zài yīyuàn gōngzuò.

女： 找到 了，他 在 医院 工作。

12.

女： Wǒ juéde zhè běn shū búcuò, nǐ ne?
我 觉得 这 本 书 不错，你 呢？

男： Wǒ hái méi kāishǐ kàn ne.
我 还 没 开始 看 呢。

13.

女： Nǐ qù shāngdiàn mǎile shénme?
你 去 商店 买了 什么？

男： Wǒ mǎile yí ge shǒubiǎo.
我 买了 一 个 手表。

14.

女： Nǐ zuì ài chī shénme cài?
你 最 爱 吃 什么 菜？

男： Wǒ zuì ài chī yú.
我 最 爱 吃 鱼。

15.

女： Míngtiān tiānqì zěnmeyàng?
明天 天气 怎么样？

男： Kěnéng yào xià xuě.
可能 要 下 雪。

Xiànzài kāishǐ dì dào tí:
现在 开始 第 16 到 20 题：

16.

女： Míngtiān yìqǐ qù chàng gē zěnmeyàng?
明天 一起 去 唱 歌 怎么样？

男： Tài hǎo le, míngtiān jiàn.
太 好 了， 明天 见。

17.

男： Yǒu rén lái le, kuài qù kāi mén.
有 人 来 了，快 去 开 门。

— 113 —

Nǐ wèi shénme bú qù? Wǒ zài xǐ yīfu ne.
女： 你 为 什么 不 去？ 我 在 洗衣服 呢。

18.

Xià xuě le, zhēn lěng a.
男： 下 雪 了， 真 冷 啊。

Nǐ chuān de tài shǎo le, suǒyǐ juéde lěng.
女： 你 穿 得 太 少 了， 所以 觉得 冷。

19.

Nǐ yào bu yào qù yīyuàn?
男： 你 要 不 要 去 医院？

Méi shì, wǒ xiūxi xiūxi jiù hǎo le.
女： 没 事， 我 休息 休息 就 好 了。

20.

Wǒ juéde zhè jiàn bǐ nà jiàn piàoliang.
女： 我 觉得 这 件 比 那 件 漂亮。

Dànshì zhè jiàn tài guì le.
男： 但是 这 件 太 贵 了。

Dì-sān bùfen
第三 部分

Yígòng ge tí, měi tí tīng liǎng cì.
一共 10 个 题， 每 题 听 两 次。

Lìrú:
例如：

Xiǎo Wáng, zhèli yǒu jǐ ge bēizi, nǎ ge shì nǐ de?
男： 小 王， 这里 有 几 个 杯子， 哪 个 是 你 的？

Zuǒbian nà ge hóngsè de shì wǒ de.
女： 左边 那 个 红色 的 是 我 的。

Xiǎo Wáng de bēizi shì shénme yánsè de?
问： 小 王 的 杯子 是 什么 颜色 的？

— 114 —

Xiànzài kāishǐ dì   tí:
现在 开始 第 21 题:

21.

Xià bān le, zěnme hái bù huí jiā?
女: 下 班 了，怎么 还 不 回 家?

Wǒ děng Xiǎo Zhāng yìqǐ huíqu.
男: 我 等 小 张 一起 回去。

Nán de wèi shénme hái bù huí jiā?
问: 男的 为 什么 还 不 回 家?

22.

Māma, nǐ gěi wǒ mǎi de nà běn shū zài nǎr?
男: 妈妈，你 给 我 买 的 那 本 书 在 哪儿?

Nǐ qù kànkan chuáng shang yǒu méiyǒu.
女: 你 去 看看 床 上 有 没有。

Nán de zài zuò shénme?
问: 男的 在 做 什么?

23.

Zhè shì wǒ zuò de cài, xīwàng nǐ néng xǐhuan.
女: 这是 我 做 的 菜，希望 你 能 喜欢。

Tài hǎochī le, bǐ fàndiàn zuò de hái hǎo.
男: 太 好吃 了，比 饭店 做 得 还 好。

Nán de shì shénme yìsi?
问: 男的 是 什么 意思?

24.

Wǒ kǎo de bú tài hǎo.
女: 我 考 得 不 太 好。

Méi guānxi, xià cì zài hǎohāor zhǔnbèi.
男: 没 关系，下 次 再 好好儿 准备。

Nǚ de zěnme le?
问: 女的 怎么 了?

— 115 —

25.

男： 你们 公司 有 个 叫 李 明 的 吗?
Nǐmen gōngsī yǒu ge jiào Lǐ Míng de ma?

女： 我们 公司 有 两 个 李 明，你 说 的 是 哪 个?
Wǒmen gōngsī yǒu liǎng ge Lǐ Míng, nǐ shuō de shì nǎ ge?

问： 女 的 是 什么 意思?
Nǚ de shì shénme yìsi?

26.

男： 你 怎么 了? 一 天 没 吃 饭 了。
Nǐ zěnme le? Yì tiān méi chī fàn le.

女： 天 太 热，不 想 吃。
Tiān tài rè, bù xiǎng chī.

问： 女 的 为 什么 不 吃 饭?
Nǚ de wèi shénme bù chī fàn?

27.

女： 这家 商店 的 椅子 很 便宜，要 不 要 买 两 个?
Zhè jiā shāngdiàn de yǐzi hěn piányi, yào bu yào mǎi liǎng ge?

男： 下 次 买 吧，钱 不 多 了。
Xià cì mǎi ba, qián bù duō le.

问： 男 的 是 什么 意思?
Nán de shì shénme yìsi?

28.

女： 我 怎么 不 知道 这 件 事?
Wǒ zěnme bù zhīdào zhè jiàn shì?

男： 对不起，李 小姐， 张 先生 让 我 别 告诉 你。
Duìbuqǐ, Lǐ xiǎojiě, Zhāng xiānsheng ràng wǒ bié gàosu nǐ.

问： 谁 不 想 让 女 的 知道 这 件 事?
Shéi bù xiǎng ràng nǚ de zhīdào zhè jiàn shì?

29.

女： 现在 已经 七 点 二十 了。
Xiànzài yǐjīng qī diǎn èrshí le.

男： 还 有 二十五 分钟 电影 就 开始 了。
Hái yǒu èrshíwǔ fēnzhōng diànyǐng jiù kāishǐ le.

Diànyǐng shénme shíhou kāishǐ?

问： 电影 什么 时候 开始？

30.

Nǐ míngtiān shénme shíhou zài jiā? Wǒ qù zhǎo nǐ.

男： 你 明天 什么 时候 在 家？我 去 找 你。

Xiàwǔ sì diǎn qián dōu kěyǐ.

女： 下午 四 点 前 都 可以。

Nǚ de shénme shíhou kěnéng bú zài jiā?

问： 女 的 什么 时候 可能 不 在 家？

Dì-sì bùfen

第四 部分

Yígòng   ge tí, měi tí tīng liǎng cì.

一共 5 个题，每题 听 两 次。

Lìrú：

例如：

Qǐng zài zhèr xiě nín de míngzi.

女： 请 在 这儿 写 您 的 名字。

Shì zhèr ma?

男： 是 这儿 吗？

Bú shì, shì zhèr.

女： 不 是，是 这儿。

Hǎo, xièxie.

男： 好，谢谢。

Nán de yào xiě shénme?

问： 男 的 要 写 什么？

Xiànzài kāishǐ dì   tí：

现在 开始 第 31 题：

31.

Fúwùyuán，wǒ yào zhè ge cài.

男： 服务员，我 要 这 个 菜。

Zuò zhè ge cài kěnéng shíjiān yào cháng xiē.

女： 做 这 个 菜 可能 时间 要 长 些。

— 117 —

Nà zhè ge ne?
男：那 这 个 呢？

Zhè ge cài hěn kuài jiù néng hǎo.
女：这 个 菜 很 快 就 能 好。

Nǚ de zuì kěnéng zài nǎr gōngzuò?
问：女 的 最 可能 在 哪儿 工作？

32.

Nǐ hǎo, nǐ jiào shénme míngzi?
男：你 好，你 叫 什么 名字？

Wǒ xìng Wáng, jiào Xiǎoxuě.
女：我 姓 王， 叫 小雪。

Nǐ wèi shénme jiào zhè ge míngzi?
男：你 为 什么 叫 这 个 名字？

Yīnwèi wǒ māma shēng wǒ de nà tiān xià xuě le.
女：因为 我 妈妈 生 我 的 那 天 下 雪 了。

Nán de zài wèn nǚ de shénme wèntí?
问：男 的 在 问 女 的 什么 问题？

33.

Xiānsheng, nín kàn zhè ge fángjiān kěyǐ ma?
女： 先生， 您 看 这 个 房间 可以 吗？

Zhè ge fángjiān búcuò, duōshao qián?
男：这 个 房间 不错， 多少 钱？

Yì tiān liǎng bǎi liùshí kuài, nín zhǔnbèi zhù jǐ tiān?
女：一 天 两 百 六十 块，您 准备 住 几 天？

Wǒ yào zhù sān tiān.
男：我 要 住 三 天。

Zhù sān tiān yào duōshao qián?
问：住 三 天 要 多少 钱？

34.

Wǒ kěyǐ zuò nǐ pángbiān ma?
男：我 可以 坐 你 旁边 吗？

Kěyǐ, zuò ba. Zhèr méi rén.
女：可以，坐 吧。这儿 没 人。

Xièxie. Nǐ yě shì lái zhè jiā gōngsī zhǎo gōngzuò de?
男：谢谢。你 也 是 来 这 家 公司 找 工作 的？

— 118 —

女： Bú shì. Wǒ zài děng wǒ péngyou.
不 是。我 在 等 我 朋友。

问： Nán de shì lái zuò shénme de?
男 的 是 来 做 什么 的？

35.

女： Bù zǎo le, kuài lái chī fàn ba.
不 早 了，快 来 吃 饭 吧。

男： Wǒ kànwán bàozhǐ zài chī.
我 看完 报纸 再 吃。

女： Yǐjīng qī diǎn wǔshí le, nǐ bú qù shàng bān le ma?
已经 七 点 五十 了，你 不 去 上 班 了 吗？

男： Jīntiān wǒ bú shàng bān.
今天 我 不 上 班。

问： Nán de xiànzài zài zuò shénme?
男 的 现在 在 做 什么？

Tīnglì kǎoshì xiànzài jiéshù.
听力 考试 现在 结束。

新汉语水平考试 HSK（二级）全真模拟题 1 答案

一、听 力

第 一 部 分

1. √   2. ×   3. √   4. √   5. ×
6. ×   7. √   8. ×   9. √   10. ×

第 二 部 分

11. B   12. A   13. C   14. F   15. E
16. C   17. A   18. D   19. B   20. E

第 三 部 分

21. C   22. C   23. C   24. C   25. B
26. A   27. B   28. B   29. A   30. A

第 四 部 分

31. B   32. A   33. C   34. A   35. C

二、阅 读

第 一 部 分

36. E   37. F   38. A   39. C   40. B

第 二 部 分

41. D   42. F   43. C   44. A   45. B

第 三 部 分

46. ×   47. ×   48. √   49. √   50. ×

第 四 部 分

51. C   52. F   53. A   54. D   55. B
56. B   57. A   58. E   59. C   60. D

新汉语水平考试 HSK（二级）全真模拟题 2 答案

一、听　力

第一部分

1. √　　　2. ×　　　3. ×　　　4. ×　　　5. ×
6. √　　　7. √　　　8. √　　　9. ×　　　10. ×

第二部分

11. B　　12. A　　13. C　　14. F　　15. E
16. C　　17. B　　18. A　　19. D　　20. E

第三部分

21. B　　22. A　　23. B　　24. B　　25. C
26. C　　27. B　　28. A　　29. A　　30. A

第四部分

31. C　　32. A　　33. C　　34. A　　35. B

二、阅　读

第一部分

36. F　　37. C　　38. B　　39. A　　40. E

第二部分

41. B　　42. D　　43. A　　44. F　　45. C

第三部分

46. √　　47. √　　48. ×　　49. ×　　50. ×

第四部分

51. F　　52. D　　53. A　　54. B　　55. C
56. D　　57. E　　58. A　　59. C　　60. B

121

新汉语水平考试 HSK（二级）全真模拟题 3 答案

一、听　力

第 一 部 分

1. ×   2. √   3. √   4. ×   5. √
6. ×   7. ×   8. ×   9. ×   10. √

第 二 部 分

11. B   12. E   13. F   14. C   15. A
16. A   17. C   18. B   19. D   20. E

第 三 部 分

21. A   22. B   23. B   24. A   25. B
26. C   27. A   28. C   29. B   30. C

第 四 部 分

31. C   32. B   33. A   34. A   35. B

二、阅　读

第 一 部 分

36. E   37. A   38. B   39. F   40. C

第 二 部 分

41. F   42. D   43. B   44. A   45. C

第 三 部 分

46. ×   47. ×   48. ×   49. √   50. √

第 四 部 分

51. C   52. F   53. D   54. A   55. B
56. E   57. C   58. A   59. B   60. D

新汉语水平考试 HSK（二级）全真模拟题 4 答案

一、听 力

第 一 部 分

1. ✕   2. ✕   3. ✓   4. ✓   5. ✓
6. ✕   7. ✓   8. ✓   9. ✓   10. ✕

第 二 部 分

11. F   12. E   13. C   14. B   15. A
16. E   17. B   18. D   19. A   20. C

第 三 部 分

21. C   22. B   23. A   24. B   25. C
26. A   27. C   28. C   29. A   30. C

第 四 部 分

31. C   32. C   33. A   34. C   35. B

二、阅 读

第 一 部 分

36. F   37. E   38. A   39. B   40. C

第 二 部 分

41. B   42. F   43. A   44. D   45. C

第 三 部 分

46. ✕   47. ✕   48. ✕   49. ✓   50. ✓

第 四 部 分

51. F   52. C   53. B   54. A   55. D
56. C   57. A   58. B   59. E   60. D

123

新汉语水平考试 HSK（二级）全真模拟题 5 答案

一、听　力

第 一 部 分

1. ✗　　　2. ✗　　　3. ✓　　　4. ✓　　　5. ✓
6. ✓　　　7. ✗　　　8. ✓　　　9. ✗　　　10. ✗

第 二 部 分

11. B　　12. A　　13. F　　14. C　　15. E
16. A　　17. E　　18. D　　19. B　　20. C

第 三 部 分

21. B　　22. C　　23. A　　24. A　　25. C
26. C　　27. B　　28. C　　29. C　　30. C

第 四 部 分

31. A　　32. A　　33. C　　34. B　　35. C

二、阅　读

第 一 部 分

36. B　　37. E　　38. F　　39. A　　40. C

第 二 部 分

41. D　　42. C　　43. A　　44. F　　45. B

第 三 部 分

46. ✗　　47. ✗　　48. ✗　　49. ✓　　50. ✓

第 四 部 分

51. D　　52. F　　53. B　　54. A　　55. C
56. C　　57. E　　58. A　　59. B　　60. D

124